数电票时代

SHUDIANPIAO SHIDAI

企业财税数字化转型的政策与实践

许继哲 冯丽丽 郭颖华 ◎ 著

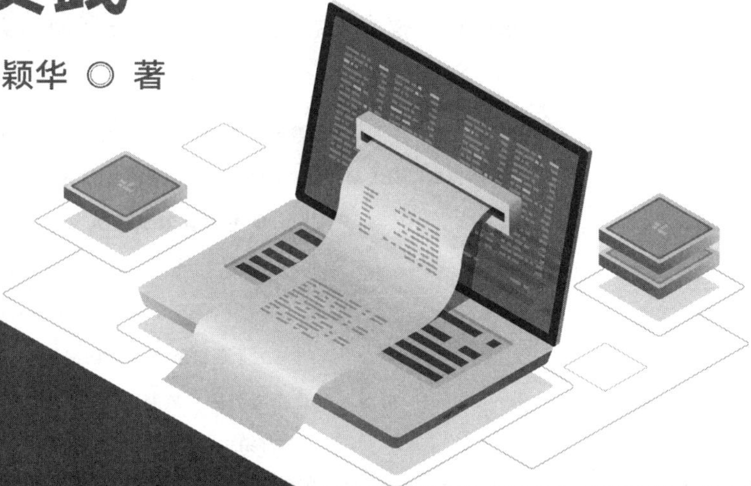

中国财经出版传媒集团
中国财政经济出版社
北京

图书在版编目（CIP）数据

数电票时代企业财税数字化转型的政策与实践 / 许继哲，冯丽丽，郭颖华主编．--北京：中国财政经济出版社，2024.6

ISBN 978-7-5223-3155-3

Ⅰ.①数… Ⅱ.①许… ②冯… ③郭… Ⅲ.①企业管理-财务管理-数字化-研究-中国 Ⅳ.①F279.23-39

中国国家版本馆 CIP 数据核字（2024）第 096340 号

责任编辑：温彦君　　　　责任校对：张　凡

封面设计：智点创意　　　　责任印制：史大鹏

数电票时代企业财税数字化转型的政策与实践

SHUDIANPIAO SHIDAI QIYE CAISHUI SHUZIHUA ZHUANXING DE ZHENGCE YU SHIJIAN

中国财政经济出版社 出版

URL：http：//www.cfeph.cn

E-mail：cfeph@cfeph.cn

社址：北京市海淀区阜成路甲 28 号　邮政编码：100142

营销中心电话：010-88191522

天猫网店：中国财政经济出版社旗舰店

网址：https：//zgczjjcbs.tmall.com

北京中兴印刷有限公司印刷　各地新华书店经销

成品尺寸：170mm×240mm　16 开　14.75 印张　206 000 字

2024 年 6 月第 1 版　2024 年 6 月北京第 1 次印刷

定价：63.00 元

ISBN 978-7-5223-3155-3

（图书出现印装问题，本社负责调换，电话：010-88190548）

本社质量投诉电话：010-88190744

打击盗版举报热线：010-88191661　QQ：2242791300

序言

XUYAN

2021年3月24日，中共中央办公厅、国务院办公厅印发《关于进一步深化税收征管改革的意见》，以全面数字化的电子发票（简称数电票）为核心的发票电子化改革不断深入，到2024年，全国36个省市均可开具、接收数电票，数电票的应用范围也在不断扩大。为解决包括数电票在内的电子凭证“接收难、入账难、归档难、利用难”等问题，2023年5月17日，财政部、国家税务总局等九部门印发了《关于联合开展电子凭证会计数据标准深化试点工作的通知》，以进一步推进电子凭证全程无纸化，推动全社会向数字化、绿色化、低碳化发展。电子凭证会计数据标准建设是会计信息化工作在“十四五”期间的重要任务之一。当前，已进行到深化试点阶段，电子凭证改革势在必行，全面的数字财税时代正在加速到来。

财税管理作为企业运营的核心组成部分，其数字化转型不仅是顺应数字化时代发展的必然选择，更是提升企业竞争力的关键所在。《数电票时代企业财税数字化转型的政策与实践》一书，正是在这样的时代背景下，为读者提供了一份关于企业财税数字化转型的全面指南。这本书从政策和实践两个维度出发，深入探讨了数电票时代背景下企业财税数字化转型的政策框架、技术应用、管理创新以及实践中的挑战与机遇。

本书梳理了金税工程的发展脉络，分析了税收数字化对于国家治理现代化的深远影响，结合电子会计凭证及会计数据标准，通过应用场景分析，对2023年九部门开展的电子凭证会计数据标准深化试点过程中企业面临的机遇与挑战给予了体系化的归纳、总结和提炼，指明了数电票时代企业财税数字化管理实务中面临的关键而具体的问题。通过案例研究，展示了不同规模企业在数字化转型过程中的创新做法和实践经验，以及如何通过这一转型提升效率、降低成本、增强风险管理能力。不仅揭示了数字化转型成功的关键因素，也为其他企业提供了理论依据和重要参考。

本书的作者团队中包括财税领域的资深专家、学者以及数字化转型的实践者，本书的出版是作者团队多年研究和实践的结晶，也是数字化实践者智慧与汗水的体现。作为数字化实践者，我们深知在财税数字化转型的道路上，企业会面临诸多挑战，本书正是围绕企业财税数字化转型的核心问题，提供了一系列的解决思路和操作指南，帮助企业在转型过程中少走弯路，提高转型成功率，值得每一位读者细细品味与阅读。

以上是我对作者团队和本书的一些看法，希望能够帮助读者对本书有一个基本的了解。感谢作者团队为我们奉献了一部质量上乘的力作。

最后，我期待本书能够成为数字化实践者手中的重要工具，帮助他们在财税数字化转型的道路上，走得更稳、更远。

李西文

2024年5月

前言

QIANYAN

在数字化浪潮的推动下，企业财税管理正经历着一场深刻的变革。《数电票时代企业财税数字化转型的政策与实践》一书深入探讨了这一转型过程中的关键政策动向、技术应用、管理创新以及实践中的挑战与机遇。

首先，本书梳理了数电票时代背景下财税数字化转型的政策框架，分析了财政部、国家税务总局等部门发布的相关指导意见和法规，为企业提供了转型的政策依据和行动指南。

其次，本书通过案例研究，展示了不同行业、不同规模企业在数字化转型中的创新实践，包括电子发票的推广应用、电子凭证会计数据标准深化试点、财务共享服务中心建设以及数字化升级等方面的成功经验。

再次，本书特别关注了企业在财税数字化转型中可能遇到的挑战，如业务流程重塑、跨部门协作、人才培养等，并提出了相应的解决策略。此外，本书还探讨了如何通过数字化手段提升财税管理的效率和透明度，优化决策支持系统，以及如何利用新技术提高企业的税务合规性和风险管理能力。

最后，本书对财税数字化转型的未来趋势进行了展望，强调了持续创新和学习的重要性，并呼吁企业、政府和社会各界共同努力，构建一个更加包容、协作、创新的财税数字化生态系统。

《数电票时代企业财税数字化转型的政策与实践》是一本理论与实践相结合的著作，旨在为企业决策者、财税专业人士以及对数字化转型感兴趣的读者提供宝贵的参考和启示。通过阅读本书，读者将能够更好地理解财税数字化转型的复杂性、把握转型的方向以及有效地实施转型策略，从而在数电票时代中赢得竞争优势。

作者

2024 年 4 月

目录

MULU

第一章

绪　论

第一节　研究背景

2021 年 3 月 24 日，中共中央办公厅、国务院办公厅发布《关于进一步深化税收征管改革的意见》（以下简称《意见》），明确指出，稳步实施发票电子化改革，2021 年建成全国统一的电子发票服务平台，制定出台电子发票国家标准，有序推进铁路、民航等领域发票电子化，到 2025 年基本实现发票全领域、全环节、全要素电子化。为贯彻落实中办、国办关于稳步实施发票电子化改革的部署安排，自 2021 年 12 月 1 日起，国家税务总局在各地区开始推行全面数字化的电子发票（以下简称“数电票”）。2021 年 11 月 30 日，上海市、广东省、内蒙古自治区三地税务局发布了《关于开展全面数字化的电子发票试点工作的公告》，开展数电票试点，数电票试点拉开序幕。2022 年 1 月，数电票试点启动上线，打响了全面启动“金税四期”建设的第一枪。数电票试点单位范围不断扩大，到 2022 年年底，全国 36 个省、自治区、直辖市和计划单列市均可接收。随着国家税务总局西藏自治区税务局发布《关于开展全面数字化的电子发票试点工作的公告》，规定自 2023 年 12 月 1 日起在西藏自治区的部分纳税人中开展数电票试点，标志着自 2023 年 12 月起，数电票开具及接收端单位均已经涵盖全国36个省、自治区、直辖市和计划单列市。

随着技术手段的高速发展和大数据运用的日趋成熟以及“金税四期”的全面铺开，中国税收征管正从“经验管税”和“以票控税”，向着“以数治税”分类精准监管转型。税务部门要建设以服务纳税人缴费人为中心、以发票电子化改革为突破口、以税收大数据为驱动力，具有高集成功能、高安全性能、高应用效能的智慧税务体系。“金税四期”的推广可以深入推进精确执法、精细服务、精准监管、精诚共治，大幅提高税法遵从度和社会满意度，明显降低征纳成本，充分发挥税收在国家治理中的基础性、支柱性、保障性作用，为推动高质量发展提供有力支撑。

同时，为推进税收监管数字化升级和智能化改造的平台，发票电子化是关键手段。“金税四期”在全国全面推广上线之后，发票电子化将进一步推动全方位税收数据的智能归集和分析，使税务机关征收管理的数字化程度进一步提升。征管数字化和电子发票的全面推进将促进企业经营管理简单化、便利化，同时也为企业带来不同程度的挑战。要求企业对开票、用票等全流程予以自动化、智能化的管控，并与业务流程协同，这对企业的硬件、软件升级和整个管理系统的协同提出了更高的要求，并且企业也需要强化税收管理和监控水平，构建与之相匹配的税务风险管控制度，以应对未来愈加严重的税务风险。

第二节　研究内容

本书在“金税四期”及会计凭证电子化改革背景下，研究企业财税管理面临的机遇与挑战。第一章对总体的研究背景、研究内容、研究意义进行说明并界定关键术语。第二章从金税工程建设与发展历程出发，剖析发票电子化改革为企业财税管理带来的机遇与挑战。第三章梳理了与电子票据相关的政策法规，对标企业高质量发展要求，提出财务、税务等方面的操作方法。第四章结合电子凭证会计数据标准试点，通过解读电子凭证会计数据标准相关政策文件，从理论和实证两个角度对电子凭证会计数据标准试点相关问题给予体系化归纳、总结、提炼，阐明会计凭证全面电子化发展趋势，并以航天信息电子凭证全流程数字化处理为例，系统、深入地提出电子凭证会计数据标准深化试点工作方案。第五章针对不同规模企业，分析其在数字化转型浪潮下财税数字化管理实务中关键而具体的问题，为财务数字化转型指明发展路径。

第三节　研究意义

一、理论意义

数电票促使企业进行财税管理模式创新，以提升企业对税务风险的认识和防控能力，更加有效地应对新环境下的挑战。第一，数电票提高税收征管效率。数电票时代通过发票电子化，可以大大提高税收征管的效率。传统的纸质发票需要人工审核、录入、存储等环节，而电子发票可以实现自动化处理，减少人工干预，降低出错率。此外，电子发票还可以实现实时传输和共享，有助于税务机关及时掌握纳税人的经营状况，提高税收征管的时效性。第二，优化纳税服务。数电票时代通过发票电子化改革，税务部门可以为企业提供更加便捷、高效的纳税服务。企业可以通过互联网平台在线申请、开具、查询、认证等操作，大大节省了企业的时间和成本。同时，电子发票还可以实现多部门、多地区的信息共享，有助于提高税收政策的透明度和公平性。第三，促进企业财税数字化转型。数电票为企业财税数字化转型提供了有力支撑。一方面，企业可以通过数字化手段对发票数据进行实时分析，实现对企业经营状况的全面监控，提高财务管理水平；另一方面，企业还可以利用大数据、云计算等技术，实现财务数据的深度挖掘和价值创造，为企业创新发展提供支持。

二、现实意义

全面数字化的电子发票自上线以来，税务系统开展了全程跟踪数电票落地的各项工作，国内试点工作如火如荼，财税信息化进入全面建设新周期。第一，发票电子化改革能够降低企业的运营成本，提高财务管理水平。数电票时代通过发票电子化改革，可以有效降低企业的运营成本。一方面，电子发票可以减少企业在发票管理、存储等方面的投入；另一方面，电子发票还可以简化企业的报销流程，提高报销效率，降低人力成本。第二，减少纸质票据使用，有利于环境保护。数电票时代通过发票电子化改革，有助于减少纸质发票的使用，降低对环境的影响。据统计，每年全国因开具纸质发票而产生的纸张消耗量约为100万吨，电子发票的推广使用将有助于减少纸张消耗，实现绿色发展。总之，在“金税四期”的背景下围绕发票电子化改革，数电票时代对企业财税数字化转型具有重要的理论和现实意义。企业应积极拥抱数字化变革，充分利用数电票时代的机遇，提升自身竞争力。

第四节　术语与定义

一、电子发票

（一）电子发票的概念

电子发票是指符合《中华人民共和国发票管理办法》及相关规定，在购销商品、提供或者接受服务以及从事其他经营活动中，开具、收取的以数据电文为载体的收付款凭证。电子发票有版式文档格式和非版式文档格式，可供使用人下载储存在电子储存设备中并以数字电文形式进行流转。

自2015年8月1日起，国家税务总局在北京、上海、浙江和深圳开展增值税电子发票试运行工作；非试点地区，自2016年1月1日起使用增值税电子发票系统开具增值税电子普通发票。自2020年12月21日起，在天津、河北、上海、江苏、浙江、安徽、广东、重庆、四川、宁波和深圳11个地区的新办纳税人中实行专票电子化，这些地区开出的增值税电子专用发票，全国范围内皆可接收使用。自2021年1月21日起，在其余地区的新办纳税人中实行专票电子化。增值税电子专用发票如图1－1所示。

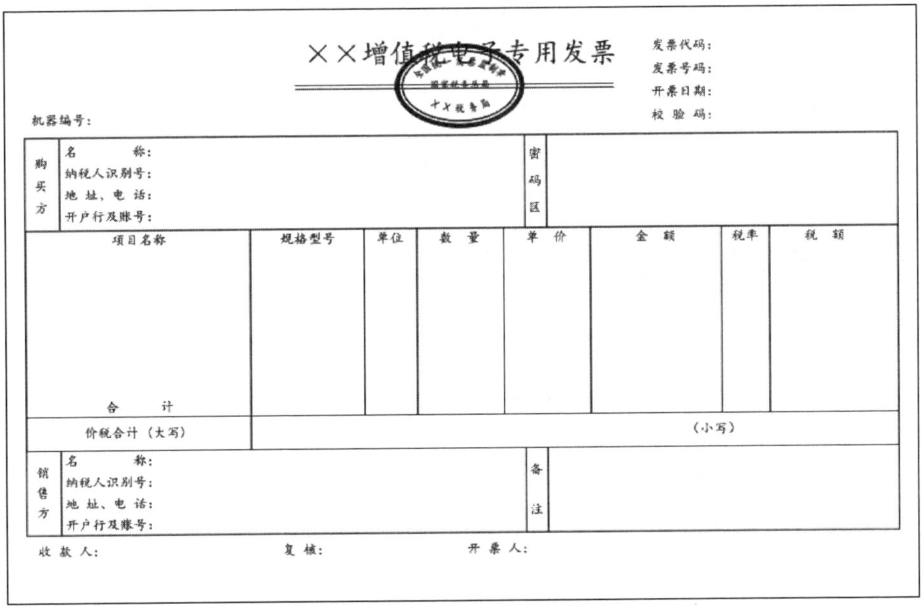

××增值税电子专用发票

发票代码：
发票号码：
开票日期：
校验码：

机器编号：

购买方	名称： 纳税人识别号： 地址、电话： 开户行及账号：					密码区		
项目名称	规格型号	单位	数量	单价	金额	税率	税额	
合计								
价税合计（大写）					（小写）			
销售方	名称： 纳税人识别号： 地址、电话： 开户行及账号：					备注		

收款人： 复核： 开票人：

图1－1 增值税电子专用发票票样

（二）电子发票的特征

1. 简化票样

采用电子签名代替原发票专用章，取消了原“销售方：（章）”栏次，使电子发票开具更加简便。将“货物或应税劳务、服务名称”栏次名称简化为“项目名称”。

2. 即领即用

纳税人可以选择办税服务厅、电子税务局等渠道领用电子发票。通过网上申领方式领用电子发票，纳税人可以实现“即领即用”。

3. 电子交付

纳税人可以通过电子邮箱、二维码等方式交付电子发票，与纸质发票现场交付、邮寄交付等方式相比，发票交付的速度更快。

4. 无纸化存储

电子发票采用信息化存储方式，与纸质发票相比，无须专门场所存放。纳税人可以从税务部门提供的免费渠道重新下载电子发票，防范发票丢失和损毁风险。

5. 法律效力

电子发票的法律效力、基本用途、基本使用规定等与纸质发票相同。

二、全面数字化的电子发票

（一）全面数字化的电子发票的概念及特征

全面数字化的电子发票（以下简称“数电票”）是与纸质发票具有同等法律效力的全新发票，是纸质发票的票面信息全面数字化，可将多个票种集成归并为电子发票单一票种，实行全国统一赋码、自动流转交付。它不以纸质形式存在，不用介质支撑，无须申请领用、发票验旧及申请增版增量。

2023 年 3 月 20 日及以后进行开票试点的省、自治区、直辖市和计划单列市的试点公告中，已将全面数字化的电子发票的简称由“全电发票”更名为“数电票”。把“全”改成“数”，更加强调了数字化的票税底座，即运用大数据、云计算、人工智能、移动互联网等现代信息技术，以税收大数据为驱动力，全面推进税收征管数字化升级和智能化改造，从而凸显“金税四期”“以数治税”的核心。

数电票有“两去两化两制”特征：即去介质、去版式，标签化、要素化，授信制、赋码制。去介质，是指纳税人不再需要预先领取专用税控设备（金税盘、税控盘、税务 U－key 等），只需通过网络可信身份等新技术手段，实现“认人不认盘”。去版式，是指数电票可以选择以数据电文形式交付，破除 PDF、OFD 等特定版式要求，实现“开具即交付”，降低发票使用成本，而且可根据不同业务进行差异化展示，为纳税人提供更优质的个性化服务，提升纳税人用票的便利度和获得感。标签化，是指通过标签实现对电子发票功能、状态、用途的具体分类，不仅可改变当前发票票种的繁杂状况，而且也可实时归集发票流转状态。要素化，是指发票要素是发票记载的具体内容，是构成电子发票信息的基本数据项。授信制，是指依托动态“信用＋风险”的体系，结合纳税人生产经营、开票和申报行为，自动为纳税人赋予可开具发票总金额的信用额度并动态调整。赋码制，是指通过信息系统在发票开具时自动赋予每张发票唯一编码的赋码机制，实现“赋码即开具”。数电票特征如图 1－2 所示。

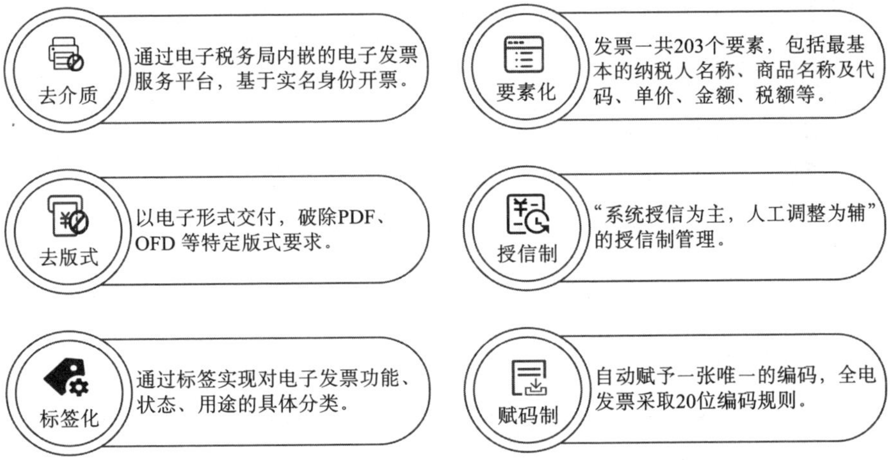

图 1－2　数电票的特征

（二）全面数字化的电子发票票样

相比之前的纸质发票，数电票发生了较大的变化。第一，票面内容无“发票代码”“校验码”“机器编号”等信息。对需要开具特定业务发票的试点纳税人，在开具数电票时，票面左上角会展示该业务类型的字样。第二，“发票号码”为20位数字，其中：第1—2位代表公历年度后两位，第3—4位代表所在地区行政区划代码，第5位代表数电票开具渠道等信息，第6—20位代表顺序编码。第三，无须录入购销方地址及银行信息。第四，由“货物或应税劳务服务名称”更改为“项目名称”。第五，由“税率”变更为“税率/征收率”。第六，备注栏的位置从右下角移至正下方，且备注栏所占区域扩大。第七，数电票，无须加盖企业发票专用章，无密码区。第八，仅需填写“开票人”信息，无须填写“收款人”及“复核”人员信息。具体如图1－3所示。

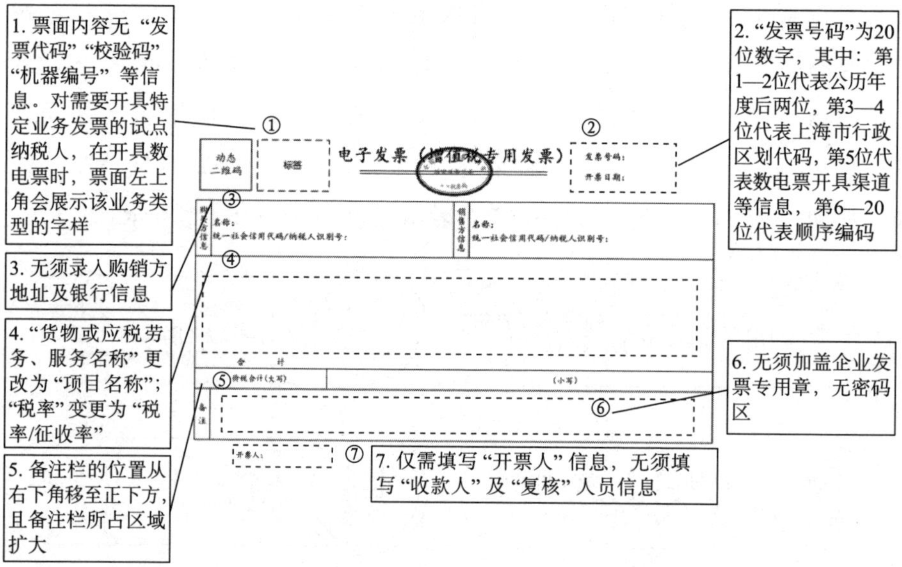

图1－3 数电票的样式

（三）全面数字化的电子发票与纸电发票的区别

纸电发票是指之前通过增值税发票管理系统开具的电子发票，与全面数字化的电子发票相比，在管理方式、交付手段、发票生态等方面存在显著差异。

1. 管理方式不同

对于数电票，纳税人开业后，无须使用税控专用设备，无须办理发票票种核定，无须领用数电票，系统自动赋予开具额度，并根据纳税人行为动态调整发票额度，实现开业即可开票。对于纸电发票，纳税人开业后，需先申领专用税控设备并进行票种核定，发票数量和票面限额管理同纸质发票一样，纳税人需要依申请对发票增版增量，是纸质发票管理模式下的电子化。

2. 发票交付手段不同

数电票开具后，发票数据文件自动发送至开票方和受票方的税务数字账户，减少人工收发。同时，依托税务数字账户，纳税人可对全量发票数据进行自动归集，发票数据使用更高效便捷。而纸电发票开具后，需要通过发票版式文件进行交付。即开票方将发票版式文件通过邮件、短信等方式交付给受票方；受票方人工下载后，仍需对发票的版式文件进行归集、整理、入账等操作。

3. 发票生态不同

数电票推行后，发票管理将依托大数据管理体系，从“控票”向“控事”转变，平台功能从单一向开放生态体系转变，数电票的开具、交付、查验等应用实现深度融合，纳税人可享受“一站式”服务。税务总局将制定发布相关标准，并向社会公众公开，不同行业、不同规模企业可免费对接税务部门信息系统，纳税人不再需要租用第三方平台。而对于纸电发票，税务部门的管理手段主要是通过专用税控设备实现“控票”，发票平台功能较为单一，且发票开具、交付、查验等平台互相独立。

三、电子凭证

（一）电子会计凭证的概念

电子会计凭证[①]是指通过计算机系统开具，依赖计算机系统阅读、处

① 财政部和国家档案局印发的《关于规范电子会计凭证报销入账归档的通知》（财会〔2020〕6 号），明确电子会计凭证的概念，并对电子会计凭证报销入账归档进行规范。

理并可在通信网络上传输的会计凭证。如电子发票、财政电子票据、电子客票、电子行程单、电子海关专用缴款书、银行电子回单等。

（二）电子会计凭证的分类

2023年4月28日，财政部、税务总局、人民银行、国务院国资委、国家档案局、国家标准化管理委员会、国家电子文件管理部际联席会议办公室、民航局、中国国家铁路集团有限公司九家单位发布《关于联合开展电子凭证会计数据标准深化试点工作的通知》（财会〔2023〕7号），明确推进电子发票（普通发票/专用发票）、全面数字化的电子发票、铁路电子客票、航空运输电子客票行程单、财政电子票据、电子非税收入一般缴款书、银行电子回单、银行电子对账单9类电子凭证实现电子化，以保证数据的顺畅流转。

（三）电子会计凭证的文件格式

目前，电子会计凭证的主要文件格式有PDF和OFD两种，主要数据格式为XBRL格式。其中，OFD是自主可控的国家标准，XBRL是财务数据的国家标准。电子会计凭证常见版式、数据标准及使用场景如表1－1所示。

表1－1　电子会计凭证的常见版式

文件格式	格式说明	参考标准	应用场景
图片格式，包括便携式网络图形格式（PNG）、联合图像专家组格式（JPEG）等	PNG是采用无损压缩算法的位图格式； JPEG是面向连续色调静止图像的一种压缩标准	ISO/IEC15948； ISO/IEC10918	从用户端获得的部分电子发票、财政电子票据、电子回单等
可携带文档格式（Portable Document Format，PDF）	由Adobe公司发明的一种文档格式，目前已经成为国际标准。由于可以实现在不同设备中、电子版和打印版中保证效果一致而广泛使用	ISO 32000 GB/T 32010.1—2015	由第三方电子发票服务平台开具的增值税电子发票

续表

文件格式	格式说明	参考标准	应用场景
开放版式文档（Open Fixed - layout Document，OFD）	受国家电子文件管理部际联席会议委托，由工信部牵头组织制定的版式文档格式。和PDF一样，OFD文档可以在不同设备上显示出与打印版一致的效果。同时，OFD还具有拥有自主知识产权、允许针对不同行业进行扩展、支持国密算法、使用便于理解的可扩展标记语言（XML）编写等优势	GB/T 33190—2016	由增值税电子发票公共服务平台开具的增值税电子发票（包括普票和专票）、铁路电子客票等
可扩展标记语言（eXtensible Markup Language，XML）	是一种与HTML非常相似的标记语言，易于解析、易于扩展，广泛应用于数据交换、数据存储和互联网应用等领域。可以使用记事本打开，但是可读性较差	GB/T 24639—2009	由电子发票服务平台开具的数电票（包括普票和专票）
可扩展商业报告语言（eXtensible Business Reporting Language，XBRL）	一种用于财务信息电子通信的计算机语言，是XML在财务领域的应用。该格式完全面向计算机，因此使用该格式记录的财务数据可以实现自动归集、整理和分析	GB/T 25500—2010	根据《企业会计准则通用分类标准海关专用缴款书扩展分类标准》，电子海关专用缴款书采用XBRL格式

（四）电子会计凭证与纸质会计凭证的区别与联系

电子会计凭证的推行，导致纸质不再是记录、储存会计信息的唯一载体。由传统意义上的纸质会计凭证到电子会计凭证的发展过程中，首先，会计凭证的载体从纸张变成了计算机信息系统，电子会计凭证对计算机信息系统的依赖性更强，没有计算机便无法进行会计凭证查阅；其次，表现形式不同，纸质会计凭证摸得着，电子会计凭证存储于计算机系统中，只能看得见。二者既有联系又有区别，都是记录经济业务发生情况的凭证，都要求记录的信息必须真实、完整和准确。

四、会计数据标准

（一）会计数据标准的概念

本书中所指的会计数据标准，是指电子凭证会计数据标准深化试点中九类电子凭证的会计数据标准。2023 年 4 月，九部门联合开展电子凭证会计数据标准深化试点，将九类电子凭证的会计数据标准统一成 XBRL，利用计算机相关技术开具与接收电子凭证，使用工具包生成 XBRL 数据文件，并对电子凭证相关数据开展数据利用，降低数据生成、传递、获取、解析、保管及利用的难度。

（二）试点数电票电子凭证会计数据标准实例


```
<xbrli:xbrlxmlns:xsi = "http://www.w3.org/2001/XMLSchema-instance" xsi:schemaLocation = "http://www.xbrl.org/2003/linkbasehttp://www.xbrl.org/2003/xbrl-linkbase-2003-12-31.xsd" xmlns:einv = "http://xbrl.mof.gov.cn/taxonomy/2023-05-15/einv" xmlns:link = "http://www.xbrl.org/2003/linkbase" xmlns:iso4217 = "http://www.xbrl.org/2003/iso4217" xmlns:xbrli = "http://www.xbrl.org/2003/instance" xmlns:xlink = "http://www.w3.org/1999/xlink" >
<link:schemaRefxlink:type = "simple" xlink:href = "einv_entry_point_2023-05-15.xsd"/>
<xbrli:contextid = "c1" >
<xbrli:entity >
```

<xbrli:identifierscheme = "http://xbrl. mof. gov. cn" >91440101MA5CLEH08W </xbrli:identifier>

</xbrli:entity>

<xbrli:period>

<xbrli:instant>2023-07-15 </xbrli:instant>

</xbrli:period>

</xbrli:context>

<xbrli:unitid = "u1" >

<xbrli:measure>iso4217:CNY </xbrli:measure>

</xbrli:unit>

<einv:InvoiceNumbercontextRef = "c1" >22442000000921300354 </einv:InvoiceNumber>

<einv:DepreciationMethodsOfFixedAssetsAndAmortizationMethodsOfIntangibleAssetscontextRef = "c1" >直线法 </einv:DepreciationMethodsOfFixedAssetsAndAmortizationMethodsOfIntangibleAssets>

<einv: WhetherEinvoiceHasBeenFactoredSoldOrSecuritizedcontextRef = "c1" >true </einv:WhetherEinvoiceHasBeenFactoredSoldOrSecuritized>

<einv:MatchingStateBetweenBusinessDocumentsAndVatEinvoicecontextRef = "c1" >三单匹配 </einv:MatchingStateBetweenBusinessDocumentsAndVatEinvoice>

<einv:ContractNumbercontextRef = "c1" > R9988888 </einv:ContractNumber>

<einv:WhetherEinvoiceIsRedEinvoicecontextRef = "c1" > false </einv:WhetherEinvoiceIsRedEinvoice>

<einv: WhetherEinvoiceHasBeenCheckedcontextRef = "c1" > true </einv:WhetherEinvoiceHasBeenChecked>

<einv:WhetherEinvoiceHasBeenBookedcontextRef = "c1" >true </einv:WhetherEinvoiceHasBeenBooked>

< einv:WhetherEinvoiceHasBeenPaidcontextRef = " c1 " > true </einv:WhetherEinvoiceHasBeenPaid >

< einv:NumberOfBankElectronicReceiptcontextRef = " c1 " > 6FE0-4D2C-66EA </einv:NumberOfBankElectronicReceipt >

< einv:UnifiedSocialCreditCodeOfAccountingEntitycontextRef = " c1 " > 91440101MA5CLEH08W </einv:UnifiedSocialCreditCodeOfAccountingEntity >

< einv:NameOfAccountingEntitycontextRef = " c1 " >广州市万福布艺有限公司 </einv:NameOfAccountingEntity >

< einv:InformationOfAccountingDocumentsTuple >

< einv:NumberOfAccountingDocumentscontextRef = " c1 " > 07654 </einv:NumberOfAccountingDocuments >

< einv:PostingDatecontextRef = " c1 " >2023-07-16 </einv:PostingDate >

< einv:AccountingPeriodcontextRef = " c1 " >2023-07 </einv:AccountingPeriod >

< einv:SummaryOfAccountingDocumentscontextRef = " c1 "/ >

< einv:InformationOfDebitAndCreditEntryTuple >

< einv:DebitOrCreditcontextRef = " c1 " >借方 </einv:DebitOrCredit >

< einv:NameOfGeneralLedgerSubjectcontextRef = " c1 " >管理费用 </einv:NameOfGeneralLedgerSubject >

< einv:RecordedAmountdecimals = " 0 " contextRef = " c1 " unitRef = " u1 " >500 </einv:RecordedAmount >

</einv:InformationOfDebitAndCreditEntryTuple >

< einv:InformationOfDebitAndCreditEntryTuple >

< einv:DebitOrCreditcontextRef = " c1 " >贷方 </einv:DebitOrCredit >

< einv:NameOfGeneralLedgerSubjectcontextRef = " c1 " >银行存款 </einv:NameOfGeneralLedgerSubject >

< einv:RecordedAmountdecimals = " 0 " contextRef = " c1 " unitRef = " u1 " >500 </einv:RecordedAmount >

</einv:InformationOfDebitAndCreditEntryTuple>

</einv:InformationOfAccountingDocumentsTuple>

<einv:WhetherPreTaxDeductionOfIncomeTaxHasBeenCompletedcontextRef = "c1">false</einv:WhetherPreTaxDeductionOfIncomeTaxHasBeenCompleted>

<einv:BeginningOfPreTaxDeductionYearOfIncomeTaxcontextRef = "c1">2023</einv:BeginningOfPreTaxDeductionYearOfIncomeTax>

<einv:EndOfPreTaxDeductionYearOfIncomeTaxcontextRef = "c1">2023</einv:EndOfPreTaxDeductionYearOfIncomeTax>

<einv:BeginningOfExpenditurePeriodUnderAccrualBasiscontextRef = "c1">2023-01</einv:BeginningOfExpenditurePeriodUnderAccrualBasis>

<einv:EndOfExpenditurePeriodUnderAccrualBasiscontextRef = "c1">2023-12</einv:EndOfExpenditurePeriodUnderAccrualBasis>

<einv:SellerNamecontextRef = "c1">广州市兆丰商贸有限公司</einv:SellerName>

<einv:SellerIdNumcontextRef = "c1">91440101MA5CLQ731R</einv:SellerIdNum>

<einv:TotalAmWithoutTaxdecimals = "0" contextRef = "c1" unitRef = "u1">500</einv:TotalAmWithoutTax>

<einv:TotalTaxAmdecimals = "0" contextRef = "c1" unitRef = "u1">0</einv:TotalTaxAm>

<einv:TotalTax-includedAmountdecimals = "0" contextRef = "c1" unitRef = "u1">500</einv:TotalTax-includedAmount>

<einv:RequestTimecontextRef = "c1">2023-07-15</einv:RequestTime>

</xbrli:xbrl>

（三）数电票中包含的数据元素

在《财政部会计司关于公布电子凭证会计数据标准（试行版）的通知》（财会便函〔2023〕18 号）的《电子凭证会计数据标准——全面数

字化的电子发票（试行版）》中附件2关于元素清单的具体说明，需对全面数字化的电子发票的票面信息、发票开具、接收、入账、归档各环节的数据项进行记录，具体可参考表1-2。

表1-2 《数电票标准》标记内容

（*项目为可抵扣发票专用信息）

序号	分组名称	字段名称	数据类型	说明
1	电子发票信息	发票号码	字符型	电子发票的唯一标识码，用于标识电子发票的开票年份、纳税人省级行政区域、开票渠道、顺序编码等信息的唯一标识码
2		销售方名称	字符型	
3		销售方纳税人识别号	字符型	
4		不含税金额合计	货币型	对应《电子发票数据电文规范》中“合计金额”
5		合计税额	货币型	
6		价税合计（小写）	货币型	
7		开票日期	日期型	对应《电子发票数据电文规范》中“开票请求时间”
8	电子发票状态信息	合同编号	字符型	选填项，记录发票关联的合同编号，企业可根据具体业务场景选择回写
9		业务单据与电子发票的匹配状态	字符型	选填项，记录业务单据与发票是否匹配，企业可根据具体业务场景选择回写，以采购场景为例，即订单、入库单和发票的三单匹配情况
10		固定资产、无形资产折旧、摊销方法	字符型	选填项，记录购置的固定资产折旧方法或无形资产摊销方法，企业可根据具体业务场景选择回写
11		是否已做保理、出售或资产证券化	布尔型	选填项，记录发票是否已用于保理、出售和资产证券化业务，企业可根据具体业务场景选择回写
12		是否红字发票	布尔型	必填项
13		是否已验真	布尔型	必填项
14		是否已入账	布尔型	必填项
15		是否已用途确认*	布尔型	必填项

续表

序号	分组名称	字段名称	数据类型	说明
16	电子发票状态信息	确认用途*	字符型	必填项，增值税电子专用发票确认用途包含抵扣税款、出口退税、代办退税、不抵扣、出口转内销等
17		用途确认所属期	年月型	必填项，格式为年－月，如 2023－06
18		是否已付款	布尔型	选填项，企业可根据发票付款情况选择回写付款状态信息，若存在拿到发票后多次付款的情况，需在完成所有付款后标记为“true”
19		银行回单编号	字符型	选填项，企业可根据发票付款情况选择回写付款后返回的银行回单编号
20		是否进项税额转出*	布尔型	必填项
21		进项税额转出金额*	货币型	必填项
22	会计主体信息	会计主体统一社会信用代码	字符型	必填项
23		会计主体名称	字符型	必填项
24	记账凭证信息	记账凭证编号	字符型	必填项，记账凭证的唯一标识，用于验证发票事项入账的唯一性
25		记账日期	日期型	必填项，格式为年－月－日，如 2023－06－30
26		会计期间	年月型	必填项，格式为年－月，如 2023－06
27		记账凭证摘要	字符型	选填项，企业可根据记账凭证实际情况选择回写，若摘要以分录行记录输出，仅记录第一行凭证分录的摘要信息
28	借贷方会计信息	借贷方向	字符型	选填项，企业可根据每条会计分录的借、贷方向选择回写，填写“借方”或“贷方”
29		总账科目名称	字符型	选填项，企业可根据每条会计分录回写会计准则约定的统一规范科目名称
30		明细科目名称	字符型	选填项，企业可根据每条会计分录回写准确反映经济业务内容的末级科目或者辅助信息
31		入账金额	货币型	选填项，企业可根据科目的本位币入账金额选择回写

续表

序号	分组名称	字段名称	数据类型	说明
32	企业所得税管理信息	是否已所得税税前扣除	布尔型	选填项
33		所得税税前扣除年度起	年份型	选填项，格式为年，如 2023
34		所得税税前扣除年度止	年份型	选填项，格式为年，如 2023
35		权责发生制下支出所属期起	年月型	选填项，企业可根据发票关联业务的成本费用支出情况，按照权责发生制选择回写支出所属期起始时间，格式为年－月，如 2023－06
36		权责发生制下支出所属期止	年月型	选填项，企业可根据发票关联业务的成本费用支出情况，按照权责发生制选择回写支出所属期结束时间，格式为年－月，如 2023－06

第二章

金税工程与发票电子化改革

自1994年我国实行分税制改革以来，国务院决定启动以加强增值税管理为主要目标的金税工程。历经金税一期、金税二期、金税三期、金税四期建设，目前已进入金税四期建设的新阶段。金税工程吸收了国际先进经验，是运用高科技手段结合我国增值税管理实际设计的高科技管理系统。总体来看，该系统由一个网络、四个子系统构成。一个网络是指国家税务总局与省、地、县国家税务局四级计算机网络；四个子系统是指增值税防伪税控开票子系统、防伪税控认证子系统、增值税稽核子系统和发票协查子系统。经过四期的建设，该系统从无到有、从小到大、从功能单一到全面覆盖，搭建了能够对增值税发票和各单位增值税纳税状况进行实时、严密监控的体系。

第一节　金税工程建设历程及进展

一、金税工程一期建设情况

（一）金税工程一期建设内容

金税工程一期聚焦增值税专用发票，部署应用增值税专用发票交叉稽核系统，探索“以票管税”新做法。金税工程一期搭建了三个紧密衔接的系统，这三个系统是：增值税计算机交叉稽核系统、增值税专用发票防伪税控系统和税控收款机系统。

增值税计算机交叉稽核系统是指在全国区、县以上税务部门，建立四级计算机稽核网络，全面采集纳税人开具的增值税申报及专用发票票面信息，建立增值税专用发票数据库，通过计算机网络进行统计分析和抽样稽核，发现各种利用增值税专用发票进行偷、漏、骗税的案件线索，并通过网络将这些线索传递给与之相关的税务部门进行重点查实。

增值税专用发票防伪税控系统是指为具有一定规模的增值税纳税人配备防伪税控设备，并开具增值税专用发票。其中，在用防伪税控设备打印发票时，对数据进行特定的加密，并将密文（加密结果）打印在发票指定位置；同时在各级税务部门装备认证系统，通过加密的逆运算将发票抵扣联上的密文还原为明文，通过与票面实际填写数据比较，以识别和防止通过各类假票、阴阳票等骗取抵扣税款的行为。

税控收款机系统则主要装备在商业、服务业、娱乐业等行业中适合使用收款机的小规模企业和有一定经营规模及有固定场所的个体工商户，它可以将全部应纳税商业活动数据记录在不可更改的存储器中，便于税务部门检查、管理和监控税源，以减少和防止税收流失。

（二）金税工程一期试点情况

为了保证新税制的正常运行，减少利用增值税专用发票进行偷、逃、骗税的违法犯罪行为，根据国务院的指示，从 1994 年 3 月底开始，金税工程办公室首先组织上线了金税工程三个系统中的增值税计算机交叉稽核系统。以建设 50 个城市为试点的增值税计算机交叉稽核系统的实施，标志着金税一期工程正式启动。

金税一期工程在没有现成经验可以借鉴的情况下，又要在半年内完成，时间紧、任务重、要求高。有关部门为确保完成任务，密切合作，相互支持。财政部特事特办，拨专款 1.25 亿元；电子部长城计算机集团公司承担了工程的总承包任务；中国人民银行为增值税专用发票的传递提供了卫星通信手段；国家计委和航天工业总公司也积极参与，国家税务总局和有关地区税务机关更是全力以赴，确保了该系统于 1994 年 8 月按计划开通。

1995 年，金税一期工程在全国 50 个试点单位正式上线。这是税务系统在较短的时间内组织实施的一项较大规模的信息化工程。1995 年 5 月，根据朱镕基副总理金税工程要积极稳妥地向前推进的指示精神，进一步明确了金税工程包括的内容，即增值税计算机交叉稽核系统、增值税专用发票防伪税控系统和税控收款机系统，同时抓好这三个系统的紧密衔接。

金税一期工程在当时发挥了一定的作用，但是当时全国财务工作电子化水平低，财务人员都是手工采集数据，信息化覆盖面窄，错误率非常高。当时的财务工作现状无法满足金税一期工程开展的条件，导致金税工程一期无法在全国各单位全面铺开，国务院于 1996 年暂停了金税工程一期建设。

二、金税工程二期建设情况

国家税务总局在总结金税工程一期建设经验的基础上，无缝衔接启动金税二期项目。1997 年 12 月，在全国税务工作会议上，李鹏总理、朱镕基副总理再次强调，要用现代科技武装税务部门。国家税务总局项怀诚副局长在这次会议结束时的讲话中提到，把金税工程列为 1998 年税务系统的一项重要工作。1998 年年初，财政部同意拨付资金 15.75 亿元（包括一期试点工程的 1.25 亿元）用于金税工程的建设，其中，13.5 亿元用于增值税稽核系统的建设，1 亿元用于防伪税控系统和税控收款机的推广。1998 年 6 月 8 日，金税工程项目建议书经国务院批准，国家计委同意立项。

金税二期聚焦增值税发票开票、认证、报税和稽核等，探索实施全链条监管体系，构建增值税“以票管税”新机制。

（一）金税工程二期系统构成

金税工程二期主要包括四个子系统：增值税防伪税控开票子系统、增值税防伪税控认证子系统、增值税稽核子系统以及发票协查信息管理子系统。

增值税防伪税控开票子系统是运用数字密码和电子信息存储技术，通过强化增值税专用发票的防伪功能，监控企业的销售收入，解决销项发票信息真实性问题的计算机管理系统。该系统将推行到所有增值税一般纳税人，也就是说，所有的增值税一般纳税人必须通过这一系统开具增值税发票。

增值税防伪税控认证子系统是税务征收机关利用防伪税控认证子系统，对增值税一般纳税人申请抵扣的增值税发票抵扣联进行解密还原认证的体系。经认证无误的增值税发票才能作为纳税人合法的抵扣凭证。凡是不能通过子系统认证的发票一律不能抵扣。

增值税稽核子系统是为了保证发票信息准确性，销项发票信息由防伪税控开票子系统自动生成，并由企业向税务机关进行电子申报；进项发票数据通过税务机关认证子系统自动生成。进项销项发票信息采集完毕后，通过计算机网络将抵扣联和存根联进行比对。当时稽核的方法采取三级交叉稽核，即本地市发票就地交叉稽核，跨地市发票上传省级税务机关交叉稽核，跨省发票上传总局进行交叉稽核。在税收规模较大、发票流量较多的区县增设稽核系统，实现四级稽核的管理模式。

发票协查信息管理子系统是对有疑问的和已证实虚开的增值税发票案件协查信息，认证子系统和稽核子系统发现有问题的发票，以及协查结果信息，通过税务系统计算机网络逐级传递，总局通过这一系统对协查工作实现组织、监控和管理。

（二）金税工程二期的主要实施步骤

第一步，在全国范围内建立覆盖总局、省局、地（市）局、县（区）局的四级交叉稽核；把稽核和防伪税控原本相互独立的系统捆绑在一起运行，做到数据共享、功能互补，解决交叉稽核中由于人工录入数据造成的数据错误问题；同时把海关增值税完税凭证纳入金税工程管理。

第二步，将增值税征管各环节都放在网络上运行，尤其要采集纳税人的增值税申报信息和税款缴纳信息，以此对纳税人进行纳税评估和监控。金税二期取得的主要成果是增值税交叉稽核系统和发票协查系统在全国范围内联网运行；增值税防伪税控认证子系统在全国范围内推广运行，增值税防伪税控开票子系统已经大规模推广。

三、金税工程三期建设情况

前期金税工程解决了发票信息的采集问题，但是要达到全面“税控”的目的，还需要将系统功能进行拓展，建立一个业务覆盖更全面、功能更强大、监控更有效、全国联网运行的税收信息管理系统。同时，为了提高执法力度和执法效率，还必须加强税务部门与其他部门，如工商、银行、外贸、海关、质监、公安、统计等系统的信息共享，实现跨部门的网络互联，加快电子政府工程的进程。金税工程三期就是在对金税工程二期四个子系统进行功能整合、技术升级和业务与数据优化的基础上，进一步强化征管功能，扩大业务覆盖面，形成有效的、相互联系的制约和监控考核机制。

（一）金税工程三期建设目标

金税三期工程的总体目标是建立一个包含网络硬件和基础软件统一的技术基础平台，包括征收管理、行政管理、决策支持和外部信息四类系统。依托该平台，实现应用、数据信息在总局和省局集中处理即两级处理。外部信息系统覆盖所有税种和各级国税、地税机关税收工作的主要环节，并与有关部门联网即实现三覆盖。

（二）金税工程三期建设内容

中国国家税务总局推出金税三期，旨在实现金融和税收系统融合，改进税收管理能力，提高税收征管效能，防范税收违法行为，促进经济社会可持续发展。金税三期是中国国家税务总局专门为改革和完善税收管理体制而面向企业级客户推出的一系列税收管理解决方案。金税三期的主要内容包括以下四部分。

第一，是发展金融电子税务系统。金税三期推动金融和税务系统之间更好地融合，在金融信息和税收信息方面实现双向共享。

第二，是改革税收征管程序。金税三期加快推进税务信息化，全面推广税务网上申报以及将大数据、云计算、物联网和人工智能等技术应用于税收征管程序，使企业及其纳税人更为便捷、有效高效地完成税收管理。

第三，是完善税收优惠政策。金税三期继续改革和完善税收政策，给予更多企业申报税收优惠、税收减免，更好地促进企业经济发展，降低企业税收负担。

第四，是改善税收管理能力。金税三期进一步完善税收管理机制，加强税务机关的信息技术和管理能力，提升收入支出的灵活性和效率，从而使税收管理更加有效可控。

金税三期工程的主体架构包括征收管理、行政管理、决策支持、外部信息等系统。其中，征收管理系统包括核心征管、个人税收管理等子系统；行政管理系统整合了综合办公、人力资源、纪检监察、财务管理等系统的建设标准；外部信息系统包括外部信息交换等子系统；决策支持系统包括查询统计、征管状况分析、报表管理、风险管理、信用管理等功能。

（三）金税工程三期的建设过程

金税三期从开始建设到全面上线历经 13 年。

2001 年，国家税务总局向国务院提出金税三期的建设构想。2002 年，中共中央办公厅和国务院办公厅联合下发《国家信息化领导小组关于我国电子政务建设指导意见》（中办发〔2002〕17 号），要求大力推进金税三期工程建设。2005 年，国务院审议通过金税三期工程项目建议书。

2007 年 4 月，国家发展和改革委员会批复金税三期工程第一阶段中央投资部分可行性研究报告。2008 年 9 月，国家发展和改革委员会批复金税三期工程第一阶段初步设计报告。2009 年，税务总局全面启动金税三期工程第一阶段建设工作。2012 年 6 月底至 2013 年 10 月，金税三期工程在重庆、山西、山东国税、地税机关陆续开展单轨运行。2013 年年底，金税三期工程采用了“生产数据在省局落地，数据的集中处理和应用在总局”的模式，优化形成了全国推广的信息系统版本。

2013 年 2 月 1 日 0：00 至 2013 年 2 月 8 日 24：00 上线切换准备。

2013 年 2 月 6 日 18：00 开始暂停网上办税（社保费）、银行端查询缴税（社保费）、网络发票超定额补税业务和电话申报业务。

2013 年 2 月 9 日 0：00 开始全面停止对外业务办理。

2013 年 2 月 9 日 0：00 至 2013 年 2 月 21 日 24：00，进行内部业务办结、老系统数据静止、历史数据迁移、新系统初始化、系统验证等工作。

2013 年 2 月 22 日 0：00 新系统正式启用，对外办理除电话申报以外的所有涉税业务。

自 2014 年 10 月起，金税三期工程全国推广的信息系统版本在广东、河南、内蒙古国税、地税机关陆续上线运行。

自 2015 年起，国家税务总局金税三期征收管理等系统在全国的推广工作全面展开。2015 年 3 月，国家税务总局向国家发展和改革委员会报送金税三期第二阶段可行性研究报告。2015 年 3 月底，全国税务系统信息化工作会议召开，部署税收信息化建设及金税三期工程推广应用等工作。2015 年 11 月，国家发展和改革委员会批复金税三期工程第二阶段可行性研究报告。2015 年 12 月，国家发展和改革委员会批复金税三期工程第二阶段初步设计概算。截至 2015 年年底，河北、宁夏、贵州、云南、广西、湖南、青海、海南、西藏、甘肃、安徽、新疆、四川、吉林 14 省（自治区）的推广上线工作完成。

2016 年 10 月上旬，辽宁、江西、福建、上海、青岛、厦门、北京、天津、黑龙江、湖北、陕西、大连、江苏、浙江、宁波、深圳 16 省市的金税三期系统推广上线工作完成，这标志着第一个全国统一的税收征管业务系统实现了对国税、地税机关的全覆盖。

2018 年，我国完成了国地税合并。与此相对应，金税系统也实现了并库，2019 年金税三期并库版（也叫优化版）正式上线，并且金税三期不断升级。2019 年社保划归税务征收，2021 年土地出让金划归税务，税务的集成、整合度越来越高，自此实现金税三期的完全体。

（四）金税工程三期的创新点

金税三期工程是具有重要战略地位的国家级信息系统工程，融合了税收业务变革和技术创新，具有以下六大创新点。

1. 运用先进税收管理理念和信息技术做好总体规划

运用流程管理理念规划征管系统，直接使用工作流工具，增强征管系统的适应性，有效支持业务由职能导向转变为流程导向，由结果监督转变为过程监督。

运用税收风险管理理念规划管理决策系统，并与征收管理、行程管理系统进行有效衔接，提高信息应用水平。

运用面向服务的理念、技术整合行政管理系统，把已开发的应用软件以松耦合方式整合到行政管理系统中，实现信息共享。

2. 统一全国征管数据标准和口径

通过对税收元数据的属性定义，保证数据项标准、口径的唯一性；通过规范数据采集方式和标准，实现涉税信息的“一次采集、系统共享”，并为涉税信息的拓展应用奠定基础。

3. 实现全国征管数据应用大集中

逐步建立以总局为主、省级为辅的全国征管数据应用大集中模式，在总局进行征管数据的集中处理和存储，并建立第三方信息共享机制，实时、完整、准确地掌握纳税人涉税信息和税务机构、人员情况。

4. 统一国地税征管应用系统版本

实现全国国地税征管应用系统的版本统一。应用系统在统一技术基础平台的基础上，增强开放性、灵活性和可动态配置，充分适应国地税的业务管理和技术发展需要。

5. 统一规范纳税服务系统

通过统一规范总局、省局的纳税服务渠道、功能，建设全国的纳税服务系统，为纳税人和社会公众提供统一、规范的信息服务、办税服务、征纳互动服务。

6. 建立统一的网络发票系统

通过建设统一的网络发票管理、查询等系统，制定网络发票开具标准和赋码规则等相关制度，及时获取纳税人开具发票信息，与申报信息分析比对，促进税源管理；为纳税人提供发票信息辨伪查询；并逐步实现发票无纸化，最大限度地压缩假发票的制售空间。根据国家税务总局的统一部署，重庆税务局作为全国地税首家金税三期试点单位于 2013 年 2 月正式上线运行金税三期工程核心征管、个人税收管理、决策支持 1 包和决策支持 2 包等软件。

四、金税工程四期建设情况

2021 年 3 月 24 日，中共中央办公厅、国务院办公厅印发了《关于进一步深化税收征管改革的意见》。这份文件是党中央、国务院关于“十四五”时期税收征管改革的重要制度安排，也是“十四五”时期税收现代化的总体规划，绘就了数字化背景下智慧税务建设的宏伟蓝图，也标志着金税四期工程的正式启动。

金税四期重点围绕智慧税务建设，以发票电子化改革为突破口，以税收大数据为驱动，推动构建全量税费数据多维度、实时化归集、连接和聚合。金税四期的理念是“以数治税”，“数”即数字化。正在推进的“全面电子化数字发票”是金税四期的核心，开具、报销、入账、档案存储全程数字化，发票实现“即时开具、即时交付、即时查验”。

（一）金税工程四期的特点

金税四期是国家推行的金税工程计划中的第四期，是第三期的升级版。金税工程作为经国务院批准的国家级电子政务工程十二金之一，是吸收国际先进经验，运用高科技手段结合我国增值税管理实际设计的高科技管理系统。金税四期的核心内容为“以数治税”，即依靠数据完成税收管理。

金税四期最大的特点就是搭建了企业信息联网核查系统。该系统搭建了各部委、人民银行以及银行等参与机构之间信息共享和核查的通道，实现企业相关人员手机号码、企业纳税状态、企业登记注册信息核查三大功能。企业纳税登记状态信息是反映企业是否正常经营，对银行以及非银行支付机构了解客户、识别客户风险非常重要，可以避免伪造银行开户、虚报银行开户的情况出现。借助于联网的企业信息内容核查系统软件，银行以及非银行支付机构等参与组织可以核实企业有关工作人员手机上的实名信息、企业缴纳情况、企业注册登记信息等重要信息，多层次、全过程核查企业及其法定代表人的真实身份。企业信息联网核查系统还可以减少个人账户的逃税行为。参与机构利用系统软件，及时、正确地判断企业的身份，可以防止企业手机号被他人操纵，提高银行开户审批水平和工作能力。

金税四期的实现途径包括两化、三端、四融合。两化是指通过数字化升级和智能化改造，深度挖掘税收征管隐患和纳税人潜在需求。三端是指分别在纳税人端、税务人端、决策人端，实现税费信息、征纳双方内外部数据等智能归集、监控和展现，打造一户式、一局式、一览式的应用平台。四融合是指智慧税务建成后，将实现从“算量、算法、算力”到“技术功能、制度效能、组织机能”，从“税务、财务、业务”到“治税、治队、治理”的一体化深度融合。

金税四期重点围绕智慧税务建设，以发票电子化改革为突破口，以税收大数据为驱动，推动构建全量税费数据多维度、实时化归集、连接和聚合。一是通过税收数据智能归集和智效管理，推动税务机关从“以票治税”到“以数治税”，实现精确执法和精准监管；二是通过税务数据智能归集和智敏监控，实现纳税人、缴费人税收风险自我监测、自我识别、自我应对、自我防范，推动税费服务从被动遵从到自动遵从，实现依法纳税和精细服务；三是通过税务数据智能归集和智能展现，实现金融、海关、市场监管、公安、支付平台等其他涉税方数据共建、数据共享、数据协同、数据治理，推动相关政府部门基于税收法定义务提供涉税方信息，实现数字政府和税收共治。

（二）金税工程四期的内容

金税四期包括税务部门内部的信息化管理系统和纳税人使用的开票和纳税申报软件。具体包括以下五方面的内容。

一是电子发票和发票管理。金税四期推行了电子发票制度，企业和个体工商户可以通过电子渠道开具领用、存储和查询发票。税务部门实现了对电子发票的全生命周期管理，包括发票开具、验真、报送、核销和退废等环节。

二是网络税务和在线申报。金税四期实现了网络税务局的建设和升级，纳税人可以通过互联网和移动端的在线平台进行税务申报、征纳管理等操作。税务部门提供了便利的在线服务，让纳税人能够随时随地进行申报、查询和缴纳税款。

三是纳税服务和风险管理。金税四期推动了纳税服务和风险管理的升级。税务部门通过大数据分析和风险预警技术，对纳税人的销售、采购及财务数据进行监管和分析，提供风险排查和辅导服务，帮助纳税人正确履行税务义务，减少税收风险。

四是税务信息共享与应用。金税四期推动了税务信息共享和应用的加强。税务部门与相关部门建立了信息共享机制，实现了企业的数据共享和交换，提高税务管理的精确性和效率。税务信息也被广泛运用于风险评估、政策制定、经济分析等方面。

五是报税便利化和减税优化。金税四期通过简化纳税申报流程、提供自助服务和增加便利措施，减少了纳税人的报税负担办税成本。同时，推行减税优化政策，可以有效降低企业税收负担，促进企业经济高质量发展。

（三）金税工程四期的核心

金税四期以发票电子化改革为核心，通过构建全面数字化的电子发票，推动税务治理由“以票控税”向“以数治税”转变。自2021年年底启动发票电子化改革，本着稳妥有序的原则，采用先在部分地区推行数电票试点，此后逐步扩大地区和纳税人范围的工作策略，从受票方试点和开票方试点两条线展开。

1. 数电票开票方试点进程

2021年12月1日，广东省（不含深圳）、上海市和内蒙古自治区三地税务局开始开展全面数字化的电子发票试点工作。

2022年10月28日，四川省开展数电票试点工作。

2022年11月30日，厦门市开展数电票试点工作。

2023年1月28日，天津市、大连市、青岛市、重庆市、陕西省五地开始试点。

2023年3月22日，吉林省、河南省开始试点。

2023年3月30日，福建省、宁波市、云南省、深圳市开始试点。

2023年4月27日，山西省、辽宁省、江苏省、浙江省、江西省、广西壮族自治区、海南省、甘肃省开始试点。

2023年10月1日，河北省、湖北省、黑龙江省、新疆维吾尔自治区开始试点。

2023年11月1日，山东省、北京市、湖南省、贵州省、安徽省、宁夏回族自治区、青海省开始试点。

2023年12月1日，西藏自治区开始试点。

截止到2023年12月1日，全国已有36个省、区、市可开具数电票。

2. 数电票受票方试点进程

2022年5月10日，四川省第一批试点。

2022年6月21日，北京市、江苏省、浙江省（不含宁波）、深圳市、山东省（不含青岛）五地第二批试点。

2022年6月21日，内蒙古自治区、上海市、广东省（不含深圳）三地第三批试点。

2022年7月18日，河南省、河北省、湖南省、湖北省、陕西省、江西省、安徽省、福建省（不含厦门）、重庆市九地第四批试点。

2022年7月31日，青岛市、宁波市、厦门市三地第五批试点。

2022年8月28日，吉林省、黑龙江省、辽宁省、天津市、山西省、甘肃省、宁夏回族自治区、广西壮族自治区、海南省、贵州省、云南省、青海省、西藏自治区、新疆维吾尔自治区等15省市区第六批试点。

经过六批受票方试点的推进，截至2022年8月28日，已实现36个省、区、市数电票受票方的全覆盖。

五、金税工程建设的未来发展

在当前大数据、云计算、人工智能、移动互联网等现代信息技术得到普遍运用的背景下，智慧税务正在改变税收信息化发展应用的运行轨迹并逐步拓展新的应用场景。智慧税务作为数字政府的有机组成部分，将统筹推进技术融合、业务融合、数据融合，构建高集成功能、高安全性能、高应用效能的智慧税务，开启税收治理现代化建设的新征程。

（一）更好地践行“以人民为中心”的发展思想

智慧税务旨在大幅提高税法遵从度和社会满意度，降低征纳成本，其价值意蕴与“以人民为中心”的发展思想完全契合，智慧税务从纳税人视角构建纳税人、缴费人全生命周期行为分析与服务体系，实现高效智能的精细税费服务，大幅提高社会满意度，满足纳税人、缴费人的诉求，推动形成精细化、亲民化的税费服务体系。

（二）更好地实现数字政府的治理目标

数字政府的核心理念在于数据赋能，通过重构政府治理结构，形成

“用数据说话、用数据决策、用数据管理、用数据创新”的国家治理格局。智慧税务就是在深化发票电子化改革，构建发票全领域、全环节、全要素电子化的基础上，构建超级算量、智能算法、强大算力的数据驱动体系，推动形成税收征管要素全链条、全场景、全环节的数字化，从而打破部门信息化“横向隔离”，推动税收数据“纵向耦合”，打造泛在可及、智慧便捷、公平普惠的数据治理体系，使税收治理能更好地实现数字政府建设目标。

（三）更好地践行协同共治的治理理念

智慧税务能有效运用纳税人诉求整体画像、数据可视化呈现等数字化技术，下沉数据资源，下移治理重心，因此，不仅可以构建税收治理纵向协同机制，而且可以在纳税人、税务人、决策人之间构建数字化综合治理生态体系，推动构建税收大数据横向协同机制，进而提升税收治理整体性、集成性效能。

第二节　发票电子化改革

随着数字化时代的到来，数字经济蓬勃发展，传统纸质发票已经难以满足企业低成本、高效率、数字化的交易需求，税务部门目前对纸质发票的管理措施也不能满足当今经济环境形势，在这样的背景下，我国新时代税收征收管理工作迎来了新的挑战。“互联网”背景下问世的电子发票，使传统发票作为会计记账凭证的纸质发票管理形式发生了悄然改变，同时推动了我国税收现代化建设的发展。全面推广电子发票可以切实有效地提高政府税收征管效率，加大国家税务部门对税收数据信息的监管力度，实时对纳税人的开票数据信息进行查询统计汇总分析，从而起到对我国数字经济快速发展的促进作用。

一、发票电子化改革符合数字中国建设理念

2022 年 10 月，党的二十大明确提出“加快建设数字中国，加快发展数字经济”“推动经济社会发展绿色化、低碳化”。其中，推进会计数字化相关的制度改革、数据标准制定和社会化推广应用是发展数字经济的重要内容，此项工作由财政部牵头落实，其他部委配合。

2021 年 11 月 24 日，财政部发布《会计改革与发展“十四五”规划纲要》，指出经济社会数字化转型全面开启，会计工作数字化转型有待进一步加强。统筹规划、制定和实施会计数据标准，为会计数字化转型奠定基础。加快制定、试点和推广电子凭证会计数据标准，统筹解决电子票据接收、入账和归档全流程的自动化、无纸化问题。

二、发票电子化符合数字经济的发展要求

在数字经济快速发展背景下，为降低纳税人成本，国家正大力推广电子发票。2023 年 8 月 21 日，国务院发布《关于修改和废止部分行政法规的决定》，其中对《中华人民共和国发票管理办法》（以下简称《办法》）进行修订，明确发票包括纸质发票和电子发票。电子发票与纸质发票具有同等法律效力。国家积极推广使用电子发票。这也是电子发票首次写入该《办法》。《办法》对约二十个条款作出修改或删减，不少内容涉及电子发票相关内容。此次发票管理办法的修订是在我国经济发展水平提高，数字经济迅速发展背景下，进一步深化税收征管改革，发挥“以数治税”效能的必然要求。

近年来，我国大力发展数字经济核心产业、加快推动产业数字化的转型，整体产业结构及经济增长的动力源发生根本性的转变，在此背景下，我国的市场主体及其交易行为中最初的凭证也会随之而发生变化，其中发票就是记录市场主体交易行为中最重要的凭证，因此我国修订了发票管理

办法，充分考虑到了市场主体在数字经济背景下的需要，将电子发票相关内容写入其中。

修订后的发票管理办法中强调了电子发票具有与纸质发票同等的法律效力，同时，也明确指出了我国积极推广使用电子发票的发展方向，以适应数字经济的发展需求。同时，财政部还印发了《企业数据资源相关会计处理暂行规定》。两个文件相互支撑，为我国企业财税管理数字化转型奠定了重要的基础。

三、发票电子化符合低碳经济的发展需求

2021 年，中国提出全球发展倡议，全面对接联合国 2030 年可持续发展议程，发出聚焦发展、重振合作的时代强音。2023 年是联合国 2030 年可持续发展议程中期评估年。

在数字经济的催化下，新技术、新产品和新业态不断涌现，物联网、大数据和人工智能等技术不断革新，使数字经济已经成为我国经济社会发展的新动力，全面改变了城市生产和生活方式。在互联网背景下，电子发票作为收付凭证依据在工作生活中的应用比例越来越高。电子发票的绿色环保、节能高效、操作便捷等特性，是纸质发票无法比拟的。

四、发票电子化符合各单位降本增效的需求

通过发票电子化改革，减少了纸质票据用票量，降低了开票单位票据领用、保管、发放、销毁以及人工、时间、交通等管理成本。有一家大型保险公司副总表示，经过测算发现，自己所在的企业以前开一张纸质发票成本大概要 10 元，而改为增值税电子发票后，一张发票成本只要几分钱，一年能够为企业节省上千万元，随着电子发票的推广应用，票据使用成本将进一步降低。另外，发票电子化改革将助推各单位实现票据开具和接收、财务报销、会计入账和归档的全流程无纸化，推动会计核算方式变

革，提高工作效率，减轻企业负担。

第三节 发票电子化给企业财税管理带来的机遇与挑战

一、发票电子化给企业财税管理带来的机遇

发票电子化将重塑企业的业财税管理模式，降低发票管理成本，促进供应链结算协同更加高效快捷，推动会计档案、业务档案等电子化进程。

（一）促使企业创建智能高效的数字化业财税管理模式

发票电子化对于企业创建智能高效的数字化业财税管理模式具有重大的价值和意义。发票电子化可以促进电子发票的规范管理，极大地提高企业运行的效率，甚至缩减运营流程链条，比如，从发票到记账，从记账到凭证，整个财务流程都会发生颠覆性的改变。专票电子化打破了传统纸质发票的属地化管理特征，将原本局限在纸质单据上的票据特征通过数字化改革，使企业发票管理真正意义上实现自动开票、收票、验票、认证、入账。实行电子发票还可以实现报销、记账、归档、入库无纸化，这些流程大量简化，甚至只需点点鼠标就能完成批量操作。纳税人可以通过电子邮箱、二维码等方式交付电子发票，与纸质发票现场交付、邮寄交付等方式相比，发票交付的速度更快。电子发票属于电子会计凭证，纳税人可以便捷获取数字化的票面明细信息，并据此提升财务管理水平。

（二）大幅降低发票管理成本

在日臻完善的税务征管体系下，征管部门与企业之间的风险信息不对称性将倒逼企业进行规范的税务信息化系统建设。做到实时风险动态监控，规范业务端、财务端的操作流程，规避不当行为带来的税务风险。此

外，通过税务信息化建设也将很大程度上降低企业的运营成本。第一，将税务管理系统与业务系统完成集成，可实现电子专票自动开具及交付。这样既能节约大量的手工操作以及打印设备、耗材、快递费用等，又能避免因发票丢失、损坏带来的税务风险；第二，财务人员每月需要消耗大量时间和精力处理由于延迟接收纸质发票而造成申报环节中的账票差异、税会差异，而电子发票凭借实时传递的特点，可以避免此类时间性差异的产生，进而降低工作成本和财税资源消耗。推行电子发票将大幅节省企业在发票上的成本，节约发票印制成本，降低企业发票管理的间接成本。

（三）促进供应链结算协同更加高效快捷

发票电子化不仅解决了纸质发票邮递带来的低时效问题，而且凭借其数字化属性，更是给产业链上下游数据协同带来了很大的便捷。交易双方自动清账，自动对账等都会突破现有的技术瓶颈，极大提升对账结算效率。比如，电子发票系统可以与企业内部的 ERP、CRM、SCS 等系统相结合，发票资料全面电子化并集中处理，有助于企业本身的账务处理，并能及时给财务人员提供准确、及时的账务信息。

（四）推动会计档案、业务档案等电子化进程

在以往的财务档案管理工作中，发票作为原始凭证，需要财务人员妥善保管并装订成册予以保存。尽管财政部、国家档案局联合发布的《会计档案管理办法》，明确了通过计算机等电子设备形成、传输和存储的电子会计档案可作为合法的会计档案，肯定了电子凭证的法律效力。但在实际工作中，仍然有大量企业要求将电子发票打印保管。原因就是专用发票仍以纸质发票形式予以保管，单独为电子发票建立电子档案项目性价比较低。在专票电子化之后，企业之间将大量流通电子专票、电子普票，对于电子会计档案的需求也将越来越迫切，这将极大推进会计档案、合同档案等电子化进程。推动会计档案“无纸化”迫在眉睫。

二、发票电子化给企业财税管理带来的挑战

(一) 电子发票易伪造、易篡改

目前，电子发票在企业财税管理应用中仍处于推广阶段，还有一些问题没有得到解决。电子发票相对纸质发票更容易造假、篡改，比如，通过P图等方式篡改金额等，财务人员很难通过肉眼识别，需要逐张进行查验。除此之外，电子发票的应用依旧需要财务管理人员在筛选之后进行打印、上传和入账操作，这样的操作流程与纸质发票采取的面对面、一票一据的流程相比具有一定的弊端，会出现同一单据被多次反复上传到财务系统当中进行恶意报销，从而导致企业现金流量和财务数据失真。另外，相较于传统的纸质发票来说，电子发票存在着恶意退票的问题，在网络购物平台之上部分商家在为顾客提供PDF格式电子发票并被确认后，可对该电子发票进行销毁，通过这样的方法来逃避税款的缴纳，严重妨碍了电子发票履行收税的功能，扰乱了市场税收环境。

(二) 电子发票易重复报销

重复报销是指开具发票在同一个企业内的多次报销入账或是在不同企业多头入账的违法开具发票行为。电子发票本身没有联次之分，并且同一张发票可以多次复制、多次打印，这就导致员工在交票报销的过程当中，可能重复打印同一张发票并上交给财务，导致重复报销、重复入账。

由于企业抬头的发票具备唯一性，因此在多个公司多头报销的发票通常是以个人名字作为抬头开出的发票，常规的发票审核难以辨别个人发票是否存在重复报销问题。此外，同一公司内，跨部门多头报销也时有发生，如果企业采取线下报销，并且各部门的发票数据是互相隔离的话，跨部门反复打印、报销电子发票的情况也难以被发现。

（三）电子发票管理不合规

电子发票的管理水平不高、流程不规范也是电子发票风险发生的重要因素。现阶段，企业电子发票管理工作主要内容包括票号、代码、日期、金额等。财务工作人员将不同的发票信息传递到核心处理系统当中，建立起企业电子发票数据库，从而方便管理人员对相关信息进行查询操作。但是如果部分企业对发票的日常管理工作没有做好监督控制，没有完善的审核体系，便会导致数据系统的对比模式与制定标准不相符，影响后续的报销和审核工作。由此可见，电子发票管理工作不合规也会引发财税管理风险。

（四）数据安全难以保障

在大数据时代，网络环境充斥着各种各样的风险，而电子发票主要储存在网络环境当中，会受到计算机病毒、硬件设备、黑客以及犯罪分子等更多风险因素的威胁，如果企业的计算机被病毒入侵，企业的商业信息以及财务核心数据将会存在被泄露的风险，从而影响到企业的安全。另外，目前部分企业的电子发票管理系统并不完善，导致在日常工作当中会遇到许多问题，这不仅增加了电子发票的管理难度，也不利于实现企业一体化的财务管理。而且电子发票的使用和推广需要各地区信息化发展水平达到一定的程度，不然将难以开展相关的推广活动，各地区信息化建设水平参差不齐将会给企业电子发票的安全带来阻碍，不利于电子发票的推广使用。

第三章

发票电子化改革助推企业财税数字化转型

第一节　电子发票规范化管理要求

电子发票规范化管理为发挥税收在国家治理中的基础性、支柱性、保障性作用，推动社会高质量发展提供有力支撑。国务院、财政部、国家税务总局、国家档案局、商务部等机关发布了系列法律法规及规章制度，对电子发票如何管理作出了明确的规范，对企业合规使用电子发票具有实操指导意义。

一、电子发票电子化管理相关法律法规

（一）《中华人民共和国会计法》

2017 年 11 月 4 日，第十二届全国人民代表大会常务委员会第三十次会议对《中华人民共和国会计法》进行了修正，自 2017 年 11 月 5 日起施行。其中规定，未按照规定保管会计资料，致使会计资料毁损、灭失的，

由县级以上人民政府财政部门责令限期改正，可以对单位并处三千元以上五万元以下的罚款；对其直接负责的主管人员和其他直接责任人员，可以处二千元以上二万元以下的罚款；属于国家工作人员的，还应当由其所在单位或者有关单位依法给予行政处分。

（二）《中华人民共和国电子商务法》

2018 年 8 月 31 日，第十三届全国人民代表大会常务委员会第五次会议通过《中华人民共和国电子商务法》。该法旨在规范电子商务行为，保障电子商务各方主体的合法权益，有利于维护市场秩序，促进电子商务持续健康发展，其中第十四条明确，电子商务经营者销售商品或者提供服务应当依法出具纸质发票或者电子发票等购货凭证或者服务单据，电子发票与纸质发票具有同等法律效力。

（三）《中华人民共和国电子签名法》

2019 年 4 月 23 日，第十三届全国人民代表大会常务委员会第十次会议对《中华人民共和国电子签名法》进行修订。该法旨在规范电子签名行为，确认符合条件的电子数据与纸质文件具有同等作用。其中相关条款明确如下：第四条　能够有形地表现所载内容，并可以随时调取查用的数据电文，视为符合法律、法规要求的书面形式；第五条　符合下列条件的数据电文，视为满足法律、法规规定的原件形式要求：能够有效地表现所载内容并可供随时调取查用；能够可靠地保证自最终形成时起，内容保持完整未被更改。但是，在数据电文上增加背书以及数据交换、储存和显示过程中发生的形式变化不影响数据电文的完整性；第六条　符合下列条件的数据电文，视为满足法律、法规规定的文件保存要求：第一款，能够有效地表现所载内容并可供随时调取查用；第二款，数据电文的格式与其生成、发送或者接收时的格式相同，或者格式不相同但是能够准确表现原来生成、发送或者接收的内容；第三款，能够识别数据电文的发件人、收件人以及发送、接收的时间。

（四）《国务院关于在线政务服务的若干规定》

2019 年 4 月 26 日发布实施的《国务院关于在线政务服务的若干规定》（国务院令第 716 号），该规定进一步规范了政务服务，有利于为企业和群众提供高效、便捷的政务服务，优化营商环境。其中第十二条明确，政务服务机构应当对履行职责过程中形成的电子文件进行规范管理，按照档案管理要求及时以电子形式归档并向档案部门移交。除法律、行政法规另有规定外，电子文件不再以纸质形式归档和移交。符合档案管理要求的电子档案与纸质档案具有同等法律效力。

（五）《中华人民共和国档案法》（2020 年国家主席令第 47 号）

《中华人民共和国档案法》（2020 年国家主席令第 47 号），自 2021 年 1 月 1 日起施行。该法规范了档案收集、整理工作，有利于有效保护、利用档案和提高档案信息化建设水平，其中第三十七条明确，电子档案应来源可靠、程序规范、要素合规。电子档案与传统载体档案具有同等效力，可以以电子形式作为凭证使用。电子档案管理办法由国家档案主管部门会同有关部门制定。

（六）《中华人民共和国发票管理办法》（国务院令第 764 号）

2023 年 7 月 20 日，中华人民共和国国务院令第 764 号发布《国务院关于修改和废止部分行政法规的决定》，其中对《中华人民共和国发票管理办法》进行了第三次修订。《中华人民共和国发票管理办法》主要适用于在中华人民共和国境内印制、领购、开具、取得和保管发票的单位和个人。根据该法规定，在全国范围内统一式样的发票，由国家税务总局确定。

《中华人民共和国发票管理办法》对电子发票有明确的规定。该法第三条明确指出“发票包括纸质发票和电子发票。电子发票与纸质发票具有同等法律效力。国家积极推广使用电子发票。”第十五条中指出“单位和个人领用发票时，应当按照税务机关的规定报告发票使用情况，税务机关应当按照规定进行查验。”第三十三条规定：“未按照规定存放和保管发票的，由税务机关责令改正，可以处1万元以下的罚款；有违法所得的予以没收。”根据该法，任何单位和个人开发电子发票信息系统自用或者为他人提供电子发票服务的，应当遵守国务院税务主管部门的规定。

二、电子发票电子化管理相关规章及规范性文件

（一）《企业会计信息化工作规范》（财会〔2013〕20号）

《企业会计信息化工作规范》（财会〔2013〕20号）是财政部于2013年12月6日发布的文件，该文件规范了信息化环境下的会计工作，其中第四十条和第四十一条分别针对企业内部生成的会计资料和从外部获得的会计资料两个方面，明确符合一定条件的会计凭证和会计资料可以不输出纸面资料，从而认可电子会计资料的有效性、认可电子签名的法律地位。

（二）《会计档案管理办法》（财政部、国家档案局令第79号）

2015年12月11日发布的《会计档案管理办法》（财政部、国家档案局令第79号令）确认了电子会计档案的法律效力，明确将电子会计档案纳入会计档案范围，允许符合条件的会计凭证、账簿等会计资料不再打印纸质归档保存，其中相关条款明确如下：

第八条　同时满足下列条件的，单位内部形成的属于归档范围的电子会计资料可仅以电子形式保存，形成电子会计档案：（1）形成的电子会计资料来源真实有效，由计算机等电子设备形成和传输；（2）使用的会计核算系统能够准确、完整、有效接收和读取电子会计资料，能够输出符合国家标准归档格式的会计凭证、会计账簿、财务会计报表等会计资料，设定了经办、审核审批等必要的审签程序；（3）使用的电子档案管理系统能够有效接收、管理、利用电子会计档案，符合电子档案的长期保管要

求，并建立了电子会计档案与相关联的其他纸质会计档案的检索关系；(4) 采取有效措施，防止电子会计档案被篡改；(5) 建立电子会计档案备份制度，能够有效防范自然灾害、意外事故和人为破坏的影响；(6) 形成的电子会计资料不属于具有永久保存价值或者其他重要保存价值的会计档案。

第九条　满足本办法第八条规定条件，单位从外部接收的电子会计资料附有符合《中华人民共和国电子签名法》规定的电子签名的，可仅以电子形式归档保存，形成电子会计档案。

另外，根据要求，发票作为会计的原始凭证，保管期限为 30 年，保存电子发票时，应当采用多重备份、定期检测等方法，保证电子发票档案在规定的保管期限内不会丢失并能被读取。

(三)《关于联合开展电子凭证会计数据标准化试点工作的通知》(财会〔2023〕7 号)

《关于联合开展电子凭证会计数据标准化试点工作的通知》(财会〔2023〕7 号) 中，强调了电子发票的规范化管理。一方面，通知指出要开展增值税电子发票电子化报销入账试点工作，这一过程需要符合《企业会计信息化工作规范》(财会〔2013〕20 号) 的相关要求。另一方面，也需开展增值税电子发票电子化归档试点，在这一环节中，档案部门或档案人员将从会计核算部门或会计核算系统接收电子发票。此外，该通知还明确指出，电子发票的纸质打印件不可以作为企业入账以及归档的唯一凭证。

(四)《财政部 国家档案局关于规范电子会计凭证报销入账归档的通知》(财会〔2020〕6 号)

2020 年 3 月 23 日，财政部、国家档案局联合制定发布了《财政部 国家档案局关于规范电子会计凭证报销入账归档的通知》(财会〔2020〕6 号)。该通知明确了电子会计凭证的定义和具体范围（包括电子发票、财政电子票据、电子客票、电子行程单等），承认电子发票的法律效力，提出了电子会计凭证电子化单轨制报销入账归档全流程电子化的要求，并重申了有关法律和行政法规的要求。

（五）《电子发票全流程电子化管理指南》

2023 年 3 月，为进一步推进电子发票应用和推广实施工作，助力国家数字经济发展，国家档案局会同财政部、商务部、国家税务总局在总结三批增值税电子发票电子化报销、入账、归档试点经验的基础上，依据国家相关法律法规和标准规范，编制形成了《电子发票全流程电子化管理指南》，供各单位在电子发票开具、接收、报销、入账、归档全流程管理过程中参考。

（六）《财政部会计司关于公布电子凭证会计数据标准（试行版）的通知》（财会便函〔2023〕18 号）

2023 年 5 月，财政部会计司发布《关于公布电子凭证会计数据标准（试行版）的通知》（财会便函〔2023〕18 号），第三条提到“数电票无需额外获取版式文件，仅需要将税务主管部门提供的含有数字签名的 XML 格式结构化数据文件提供给接收端试点单位即可”。这说明数电票被接收后，无论是否打印，都要保存数电票含有数字签名的 XML 格式电子文件。

（七）《代理记账基础工作规范（试行）》（财会〔2023〕27 号）

为规范代理记账机构执业行为，保证执业质量和服务水平，2023 年 11 月 24 日，财政部会计司制定印发了《代理记账基础工作规范（试行）》（财会〔2023〕27 号），该规范自 2024 年 1 月 1 日起施行。其中第三十八条指出，开展会计信息化工作的代理记账机构，应当同时将具有保存价值的电子会计资料及其元数据作为会计档案进行管理。第四十条指出，会计年度终了，交接会计档案时，电子会计档案应与其元数据一并移交。

（八）国家税务总局和各省、自治区、直辖市税务局公告

《国家税务总局关于推行通过增值税电子发票系统开具的增值税电子普通发票有关问题的公告》（2015 年第 84 号，国家税务总局公告 2018 年第 31 号修改）及《国家税务总局关于增值税发票综合服务平台等事项的公告》（2020 年第 1 号）明确了增值税电子普通发票的法律效力、基本用途、基本使用规定。《国家税务总局关于在新办纳税人中实行增值税专用发票电子化有关事项的公告》（2020 年第 22 号）明确了增值税电子专用发票的法律效力、基本用途、基本使用规定。各省、自治区、直辖市发布的《关于开展全面数字化的电子发票试点工作的公告》（广东省税务局 2021 年第 3 号、上海市税务局 2021 年第 3 号、内蒙古自治区税务局 2021 年第 10 号等），明确了全面数字化的电子发票的法律效力、基本用途与现有纸质发票相同。

第二节　发票电子化背景下企业财税数字化改革路径

为进一步落实中共中央办公厅、国务院办公厅《关于进一步深化税收征管改革的意见》，结合以上提到的相关法律法规以及规章规范文件，四部门联合印发了《电子发票全流程电子化管理指南》，其中明确了电子发票管理原则及各部门的部门职责，也规范了全面数字化的电子发票的接收、报销、用途确认、入账、归档、利用、鉴定、处置的全流程管理，企业可参考指南中相关内容，对数电票进行全流程合规管理，助力实现财税数字化改革。

一、全面数字化的电子发票开具

目前，税务机关依托于新建的全国统一的电子发票服务平台，可 24

小时在线免费为纳税人提供全面数字化的电子发票开具服务。

（一）开具方式

开具全面数字化的电子发票，纳税人不再需要领取税控专用设备。通过“赋码制”取消特定发票号段申领，发票信息生成后，系统自动分配唯一的发票号码；通过“授信制”自动为纳税人赋予开具金额总额度，实现开票“零前置”。基于全面数字化的电子发票的以上特性，试点纳税人通过实名验证后，无须使用税控专用设备、无须办理发票票种核定、无须领用发票，使用电子发票服务平台即可直接开票，如图 3－1 和图 3－2 所示。

图 3－1　蓝字发票开具页面

图 3－2　立即开票页面

（二）交付方式

试点纳税人可以通过电子发票服务平台税务数字账户自动交付全面数字化的电子发票，也可以通过电子邮件、二维码等方式自行交付全面数字化的电子发票。交付样式（XML 格式或 PDF、OFD 版式文件格式）可根据需要由交付方自行选择。

销售方成功开具发票后，系统默认将电子发票文件及数据自动交付至购买方的税务数字账户。如果购买方为未录入组织机构代码的党政机关及事业单位，或购买方为未录入身份证件号的自然人，系统无法自动交付，销售方可使用自行交付方式，即通过电子发票服务平台税务数字账户查询发票后自行选择电子邮件、二维码、电子文件导出等方式交付全面数字化的电子发票。

（三）红字发票开具

试点纳税人发生开票有误、销货退回、服务中止、销售折让等情形，需要开具红字全面数字化的电子发票的，按以下规定执行：

第一，受票方未做增值税用途确认及入账确认的，开票方全额开具红字全面数字化的电子发票，无须受票方确认；

第二，受票方已进行用途确认或入账确认的，受票方为试点纳税人，开票方或受票方均可在电子发票服务平台填开《红字发票信息确认单》（以下简称《确认单》，表样见附录 H），经对方在电子发票服务平台确认后，开票方全额或部分开具红字全面数字化的电子发票或红字纸质发票；受票方为非试点纳税人，接收到电子发票服务平台开具的全面数字化的电子发票，可以由受票方通过增值税发票综合服务平台或开票方在电子发票服务平台填开《确认单》，经双方确认后，销售方开具红字发票。其中，《确认单》需要与对应的蓝字发票信息相符。

二、全面数字化的电子发票的接收

（一）接收方式

如图 3－3 所示，数电票接收方式有两种：一是个人分散接收。个人可以通过电子邮件、二维码、电子文件导出等方式交付下载全面数字化的电子发票文件。二是单位下载接收。销售方成功开具发票后，系统默认将全面数字化的电子发票文件及数据自动交付至购买方税务数字账户，购买方可以在税务数字账户中下载所需要的全面数字化的电子发票文件。

接收	增值税电子发票	全面数字化的电子发票
个人	电子邮箱、二维码、增值税发票查验平台等	电子邮箱、二维码、电子文件导出
单位	增值税发票综合服务平台	税务数字账户
命名	开票日期_发票代码_发票号码	电子发票_全面数字化的电子发票号码_下载时间
格式	20220820-051002000311_06142522.pdf 20220821-051002000311_09457503.pdf 20220822-051002000411_24809986.pdf 20220822-051002000411_24843552.pdf	dzfp_22442000000922030206_20221104153434.pdf dzfp_22442000000922030207_20221104153422.ofd dzfp_22442000000922030209_20221104153403.pdf

图 3－3　数电票的接收方式

（二）命名

纳税人下载全面数字化的电子发票时，应对全面数字化的电子发票文件规范命名，便于后续处理。例如，以“dzfp_全面数字化的电子发票号码_下载时间”命名，如图 3－4 所示。

dzfp_22442000000922030206_20221104153434

dzfp_22442000000922030209_20221104153403

图 3－4　全面数字化的电子发票命名格式

（三）票面内容自查

受票方接收全面数字化的电子发票后，应检查全面数字化的电子发票开具内容是否与实际经济业务相符合。如发现相关内容有误，如图 3－5 所示，应及时联系开具方重新开具发票。

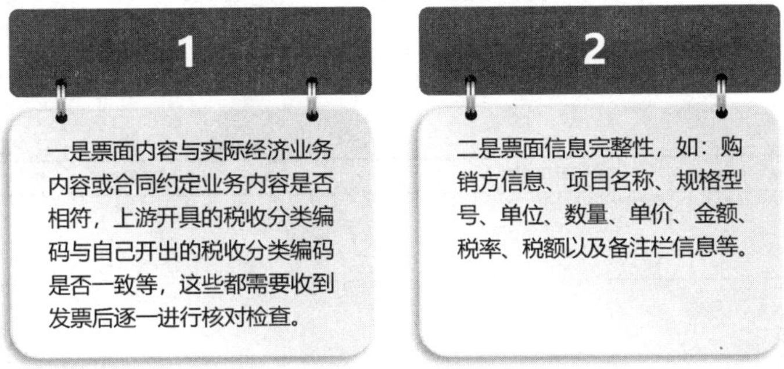

图 3－5　发票自查内容

票面内容与经济业务相符性自查，例如，检查但不限于全面数字化的电子发票的项目名称、特定业务信息（如建筑服务信息、不动产信息、旅客运输信息、货物运输信息等）、发票标签、业务要素等与实际经济业务内容或合同约定业务内容是否相符，如图 3－6 至图 3－8 所示。

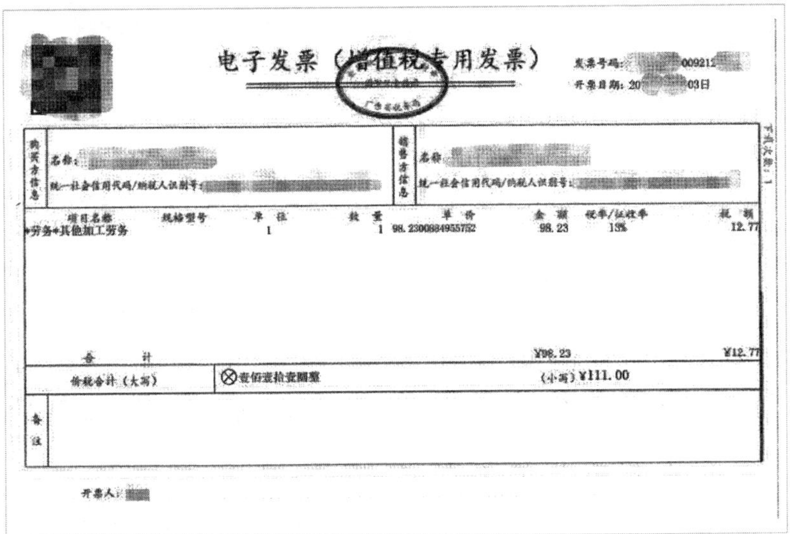

电子发票（增值税专用发票）

发票号码：[redacted]009212[redacted]
开票日期：20[redacted]03日

购买方信息　名称：[redacted]
统一社会信用代码/纳税人识别号：[redacted]

销售方信息　名称：[redacted]
统一社会信用代码/纳税人识别号：[redacted]

项目名称	规格型号	单位	数量	单价	金额	税率/征收率	税额
*劳务*其他加工劳务		1	1	98.2300884955752	98.23	13%	12.77
合计					¥98.23		¥12.77

价税合计（大写）　⊗壹佰壹拾壹圆整　（小写）¥111.00

备注

开票人：[redacted]

图 3－6　全面数字化的电子发票票面内容与经济业务相符性自查项

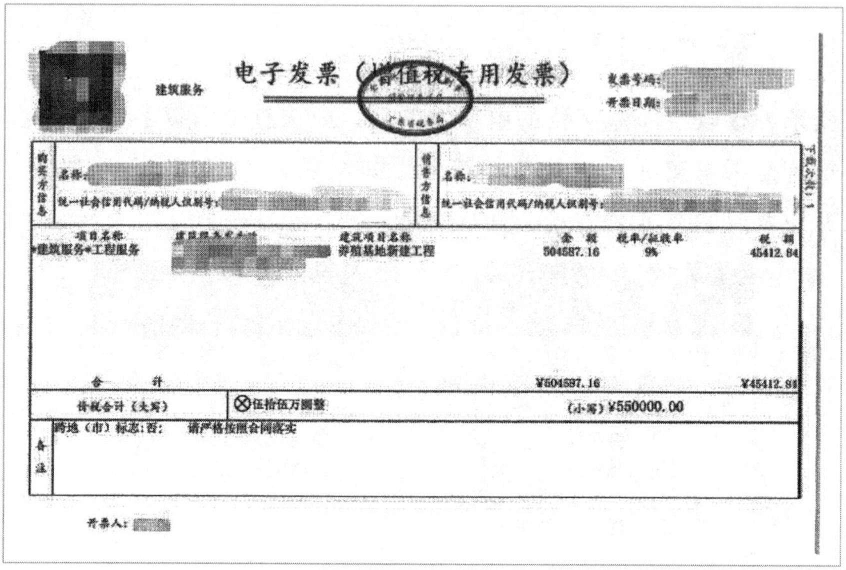
建筑服务

电子发票（增值税专用发票）

发票号码：[redacted]

开票日期：[redacted]

购买方信息 名称：[redacted] 统一社会信用代码/纳税人识别号：[redacted]	销售方信息 名称：[redacted] 统一社会信用代码/纳税人识别号：[redacted]

项目名称	建筑服务发生地	建筑项目名称	金额	税率/征收率	税额
*建筑服务*工程服务	[redacted]	养殖基地新建工程	504587.16	9%	45412.84
合计			¥504587.16		¥45412.84
价税合计（大写）	⊗伍拾伍万圆整		（小写）¥550000.00		

备注：跨地（市）标志：否；　请严格按照合同落实

开票人：[redacted]

图 3－7　全面数字化的电子发票票面内容与经济业务相符性自查项（建筑服务）

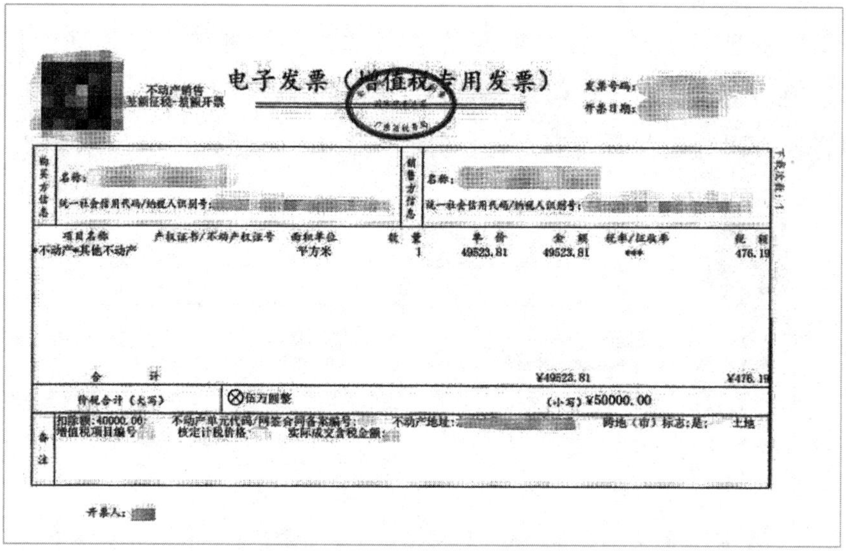
不动产销售

差额征税-差额开票

电子发票（增值税专用发票）

发票号码：[redacted]

开票日期：[redacted]

购买方信息 名称：[redacted] 统一社会信用代码/纳税人识别号：[redacted]	销售方信息 名称：[redacted] 统一社会信用代码/纳税人识别号：[redacted]

项目名称	产权证书/不动产权证号	面积单位	数量	单价	金额	税率/征收率	税额
*不动产*其他不动产		平方米	1	49523.81	49523.81	***	476.19
合计					¥49523.81		¥476.19
价税合计（大写）	⊗伍万圆整				（小写）¥50000.00		

备注：扣除额：40000.00；不动产单元代码/网签合同备案编号：[redacted]　不动产地址：[redacted]　跨地（市）标志：是；　土地增值税项目编号　核定计税价格：　实际成交含税金额：

开票人：[redacted]

图 3－8　全面数字化的电子发票票面内容与经济业务相符性自查项（不动产销售）

票面内容完整性自查主要是对接收的全面数字化的电子发票票面内容（如购买方名称及税号、单价、大小写金额等）是否完整进行检查。

三、全面数字化的电子发票的报销

（一）在线报销方式

已建设业务系统和报销系统的单位，数电票的归集、登记，验真、审批等可以通过在线方式完成，如图 3－9 所示。

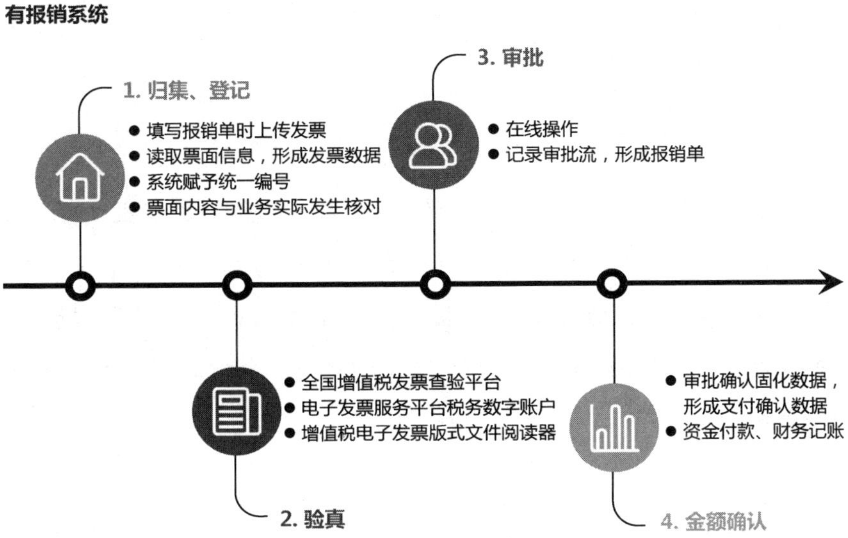

图 3－9　有报销系统的数电票报销流程

1. 归集、登记

报销人在线填写报销单，同时将电子发票上传至业务系统（发票夹）即完成归集工作。业务系统完成电子发票归集后会自动读取票面信息，形成电子发票数据，并对数电票按照要求进行票面内容检查。

由于报销系统业务特点，数电票一进入报销系统，系统随即赋予其唯一编号，即完成数电票登记。

2. 验真

单位应对接收的数电票进行真实性查验，即对发票代码、发票号码、开票日期等必要信息确定真伪，以降低税收风险。具体验真方式可通过国家税务总局全国增值税发票查验平台查验发票信息，或者通过登录电子发票服务平台税务数字账户验真。

3. 审批

已实现数电票在线报销的单位一般通过报销系统或OA系统进行报销审批。数电票在系统中流转完成审批，审批时将形成数电票审批流程信息，这些信息可通过接口或其他方式形成报销单。

4. 金额确认

报销系统对经过审批的数电票会根据规则确定金额、固化数据、生成支付数据。

（二）线下报销方式

对于没有应用报销系统，或是报销系统尚不具备报销审批功能的单位，电子发票的报销审批、归集、登记等流程一般通过纸质报销单采用线下方式进行。电子发票通过通信软件传输，先由报销人提交审批人完成审批程序，再由会计人员在报销时完成电子发票的查重、登记。如图3-10所示。

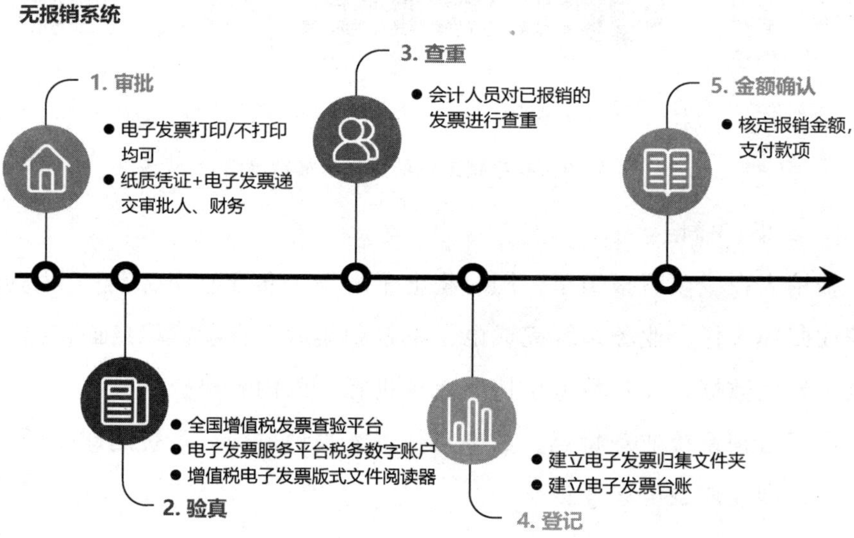

图3-10 无报销系统的数电票报销流程

1. 审批

数电票报销线下审批时，可选择打印输出纸质件方式，或不打印输出纸质件方式。

打印输出纸质件方式审批。报销人将数电票打印输出纸质件后，将其与填写好的报销单、其他原始凭证等一起通过线下方式进行报销审批，同时将收票人收到的数电票的电子文件原件通过电子邮箱等通信软件传输至报销审批人，再传输至会计人员。采用此种方法前，单位应公布报销审批人和会计人员用于收取数电票的电子邮箱等信息。

不打印输出纸质方式审批。即报销人不打印数电票输出纸质件，而是直接填写纸质报销单，报销审批人仅审核纸质报销单。数电票的电子文件原件通过电子邮箱等通信软件从收票人传输至报销审批人，再传输至会计人员。

2. 验真

第一，通过国家税务总局全国增值税发票查验平台查验发票信息。

登录国家税务总局全国增值税发票查验平台（https://inv-veri.chinatax.gov.cn）进行查验，如图 3-11 所示。

图 3-11　国家税务总局全国增值税发票查验平台查验界面

数电票信息查验时，需输入“发票代码”“发票号码”“开票日期”等发票信息以及“验证码”。确认输入的信息无误后，点击“查验”按钮，系统自动弹出查验结果。如果录入的发票信息与税务系统存储的发票信息不同，则显示不一致或者查无此票的相应提示。如果录入的发票信息与税务系统存储的相应信息相同，则系统显示发票票面信息，如图 3 – 12 所示。持有的数电票票面信息与税务系统存储的发票票面信息一致时，数电票才可报销。数电票需查验的项目包括发票号码、开票日期、开具金额等，同时支持上传版式文件查验。

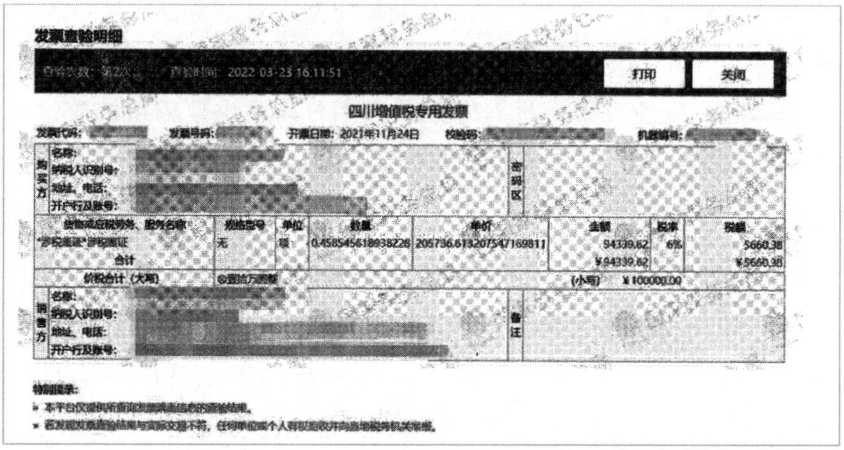

图 3 – 12　电子发票查验结果

第二，通过电子发票服务平台税务数字账户验真。

登录电子发票服务平台税务数字账户，如图 3 – 13 所示。

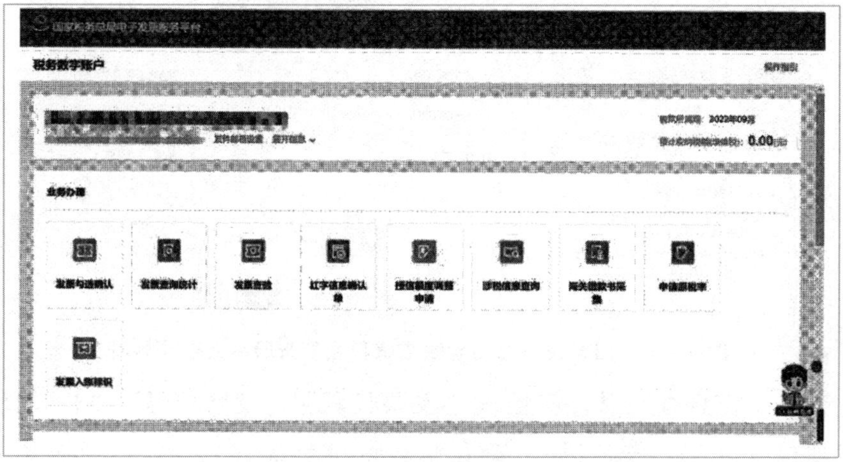

图 3 – 13　电子发票服务平台税务数字账户主界面

点击进入“发票查验”模块，如图 3－14 所示。

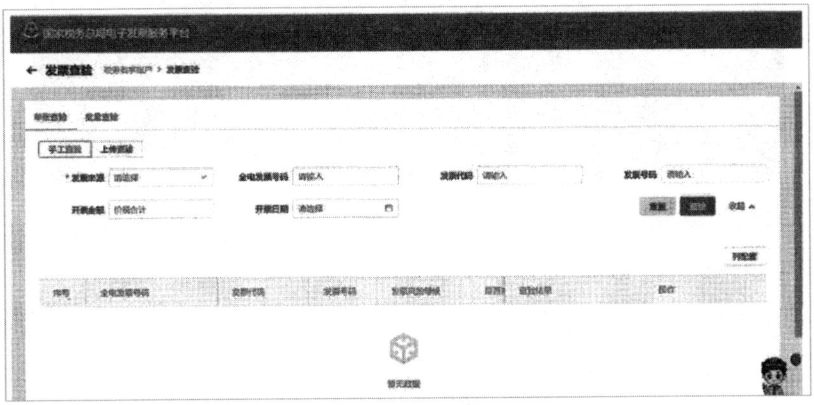

图 3－14　发票查验

单位接收到数电票后可以通过该模块进行单张发票查验和批量发票查验两种查验模式的操作。单张发票查验模式下，支持手工输入单张发票信息查验，或上传 PDF、OFD、XML 和含有发票二维码的图片文件进行查验，查验结果展示发票票面信息。批量发票查验模式下，支持纳税人将需要查验发票的全要素信息在模板数据表中预加工后，导入系统批量进行查验，查询结果不展示发票票面信息，仅展示查验结果相符或不相符。

第三，通过增值税电子发票版式文件阅读器验真。

开票方通过增值税电子发票公共服务平台开具的增值税数电票会加盖电子签章。电子签章采用图像处理技术和电子签名技术将传统签章电子化，实现电子文件加盖签章的操作，用来代替纸质发票右下角的发票专用章，但不展现在票面上。电子签章利用电子签名技术保障电子信息的真实性和完整性以及签名人的不可否认性。

通过增值税电子发票公共服务平台开具的增值税电子专用发票和增值税电子普通发票，其版式文件采用国家统一标准格式，可通过增值税电子发票版式文件阅读器查验其电子签名。

通过电脑浏览器访问网址：https：//inv－veri. chinatax. gov. cn/或者访问“国家税务总局”官方网站，找到“纳税服务”—“发票查验”，点击进入，再点击“相关下载”，找到“增值税电子发票版式文件阅读器”，点击下载并安装，如图 3－15 所示。

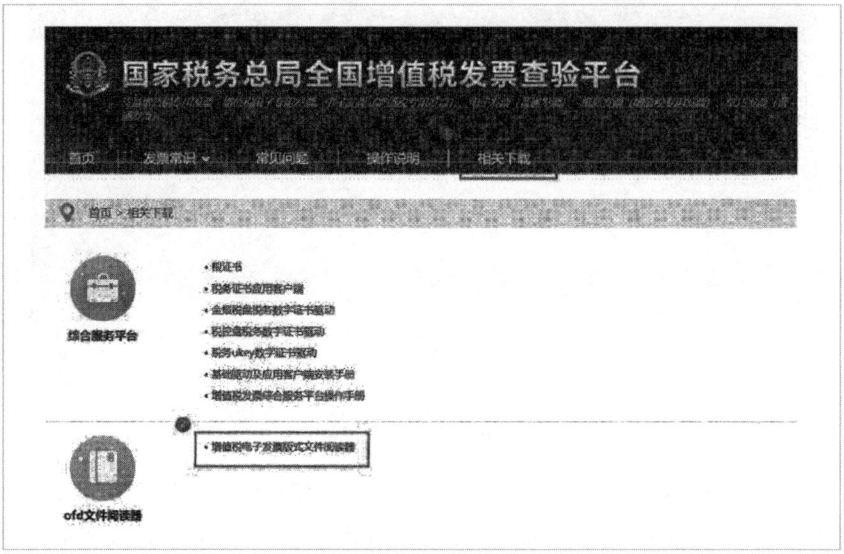

图 3－15　“增值税电子发票版式文件阅读器”下载位置

报销人或单位接收到电子发票后，使用阅读器打开电子发票版式文件，将鼠标移至增值税数电票监制章区域，点击鼠标右键，显示“属性”和“验证”，如图 3－16 所示。

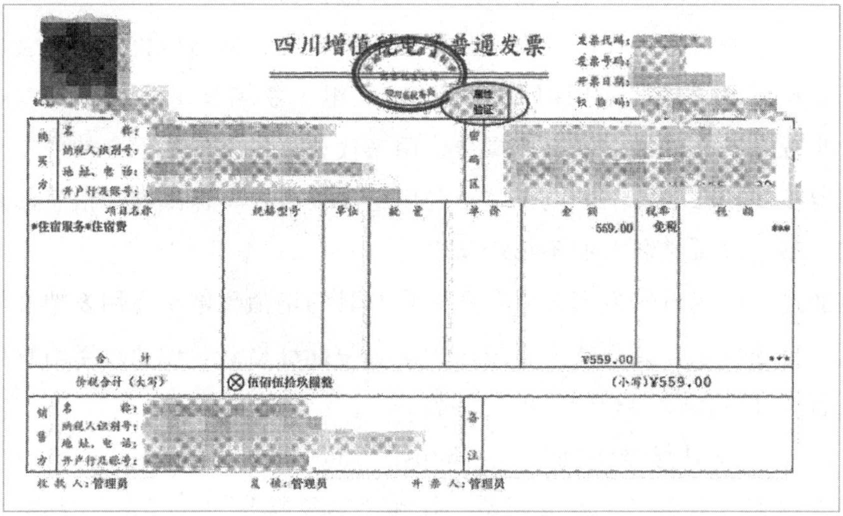

图 3－16　点击发票监制章验真

点击“属性”，显示“该签章有效！受该签章保护的文档内容未被修改。该签章之后的文档内容无变更。”代表数电票监制章有效，如图 3－17 所示。

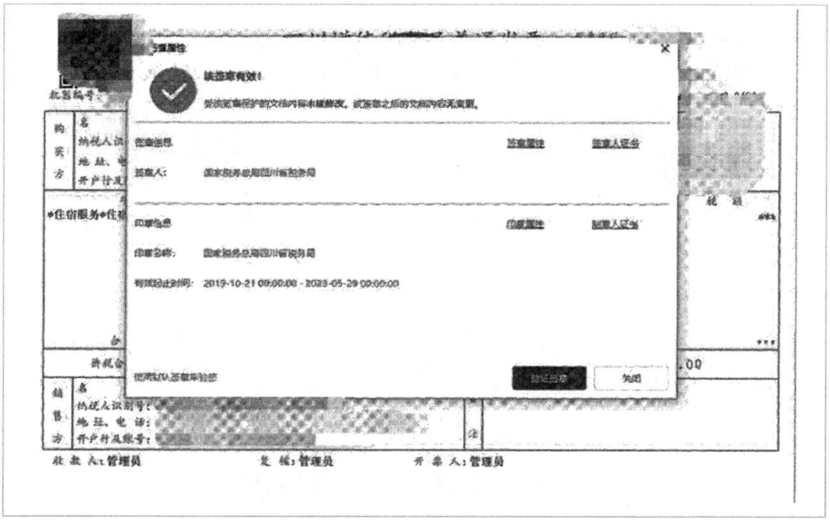

图 3－17　发票监制章验真结果

将鼠标移至发票销售方区域，点击鼠标右键，显示“验证”，如图 3－18 所示。

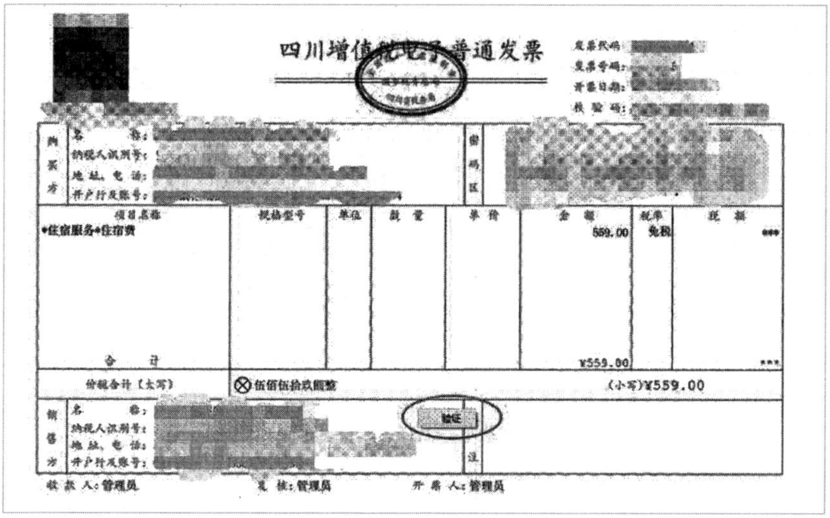

图 3－18　点击销售方验真

点击“验证”，显示“该签章有效！受该签章保护的文档内容未被修改。该签章之后的文档内容无变更，代表该销售方的电子签章有效，如图 3－19 所示。

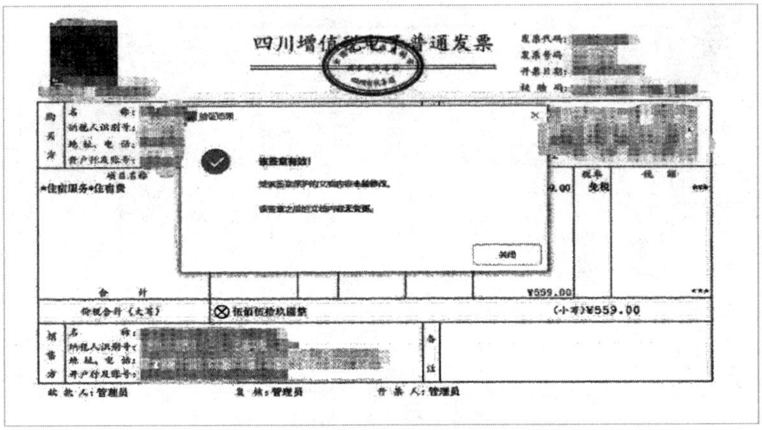

图 3－19　数电票销售方验真结果

3. 查重

会计人员对数电票进行验真后，还应对数电票与已经登记并报销的数电票进行查重，如发现收到的数电票与已经报销过并在会计人员处登记过的数电票重复，应拒绝报销并及时通知报销人。

4. 登记

对于通过查重的数电票，数电票保管人员或负责报销的会计人员应建立数电票归集文件夹，文件夹以“年份＋月份”命名，如图 3－20 所示，妥善保管集中归集的数电票，并建立数电票台账（见附录 B）。

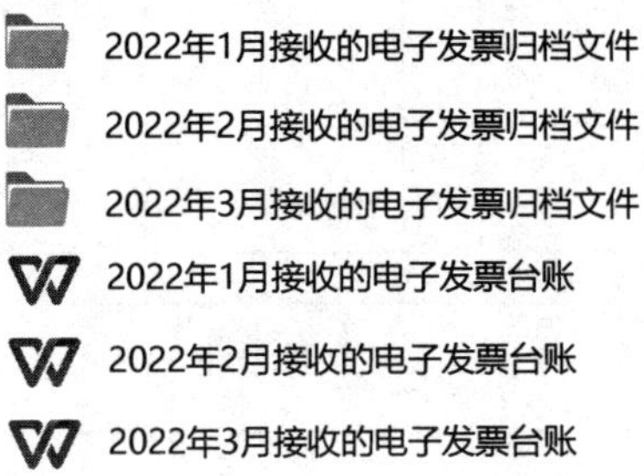

图 3－20　数电票归集文件夹及电子发票台账的命名示例

5. 金额确认

会计人员对经过审批、查重和登记的电子发票方可按单位报销管理要求以及出差伙食补贴标准等核定报销金额，按规定支付报销款项。

（三）电子发票用途确认

受票方取得电子专票用于申报抵扣增值税进项税额或申请出口退税、代办退税的，应当登录增值税发票综合服务平台，进行抵扣勾选、退税勾选或代办退税勾选的用途确认操作。受票方也可通过增值税发票综合服务平台进行不抵扣勾选的用途确认操作。具体如图 3－21 所示。

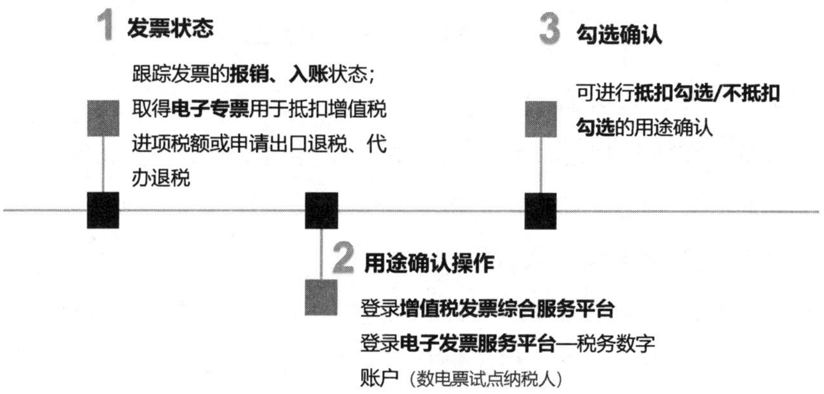

图 3－21　电子发票用途确认

全面数字化的电子发票用票试点纳税人取得电子专票用于申报抵扣增值税进项税额或申请出口退税、代办退税的，应当登录电子发票服务平台的税务数字账户，进行抵扣勾选、退税勾选或代办退税勾选的用途确认操作。受票方也可通过电子发票服务平台进行不抵扣勾选的用途确认操作。

四、全面数字化的电子发票的入账

（一）在线入账

应用会计核算系统的单位可通过报销系统或线下审批单获取凭证数

据，通过会计核算系统进行在线记账，如图 3－22 所示。

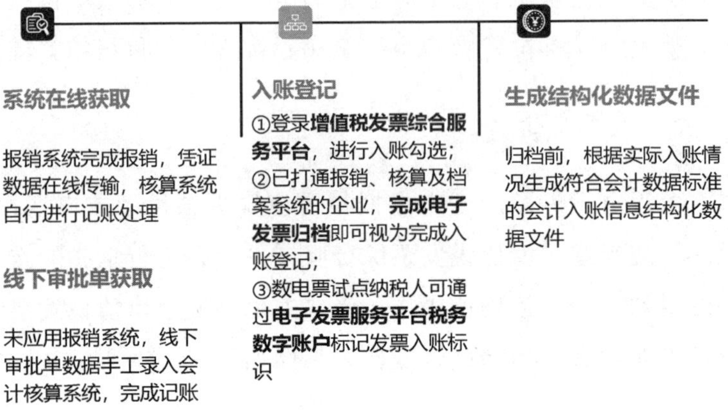

图 3－22　全面数字化的电子发票在线入账

1. 通过系统在线获取数据

报销系统完成报销后，将凭证数据在线传输给会计核算系统，会计核算系统根据账务规则自行进行记账处理，一般无须人工干预。

2. 通过线下审批单获取数据

未应用报销系统但已应用会计核算系统的单位需将线下审批单数据手工录入会计核算系统，记入相应科目和借贷方向，完成记账。

3. 入账登记

会计人员完成电子发票入账后，应及时更新电子发票台账，在登记台账的“是否入账”标记栏上进行标记。会计人员也可登录增值税发票综合服务平台，利用平台提供的发票入账功能，对已入账的增值税电子普通发票进行入账勾选。对于增值税电子专用发票，纳税人进行用途确认操作后，平台自动进行入账标识维护。

已打通报销系统、会计核算系统及电子会计档案管理信息系统数据通道的企业，在完成电子发票归档并进入电子会计档案管理信息系统后即可视为完成入账登记。

全面数字化的电子发票试点纳税人可通过电子发票服务平台的税务数字账户标记发票入账标识。纳税人以全面数字化的电子发票报销入账归档的，按照财政部门和档案部门的相关规定执行。

接收到符合会计数据标准电子凭证的接收端单位应当在报销业务对应的会计凭证入账完成后、归档前，根据实际入账情况生成符合会计数据标准的会计入账信息结构化数据文件。

（二）线下入账

未应用会计核算系统的单位可以以电子发票的纸质打印件作为入账依据，入账方法与纸质发票入账方法相同，但必须同时保存该纸质打印件的电子发票原件。会计人员完成电子发票入账登记后，应及时更新电子发票台账，在登记台账的“是否入账”标记栏上进行标记。

入账后，税务机关相关用票平台为纳税人提供入账标识服务，可对已入账的电子发票作对应标记，防止重复报账。

五、全面数字化的电子发票的收集、整理、归档

归档根据有无报销系统和有无电子档案系统可以分为以下四种情况，如图 3－23 所示。

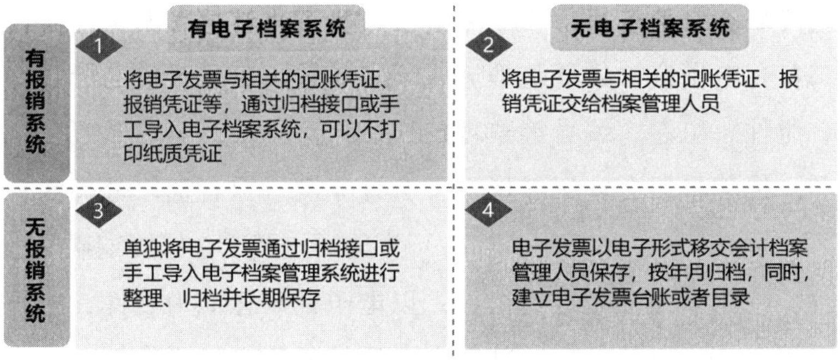

图 3－23　电子发票收集、整理、归档的四种情况

（一）在线收集、整理、归档

1. 采用在线报销入账的电子发票在线收集、整理、归档（见图 3－24）

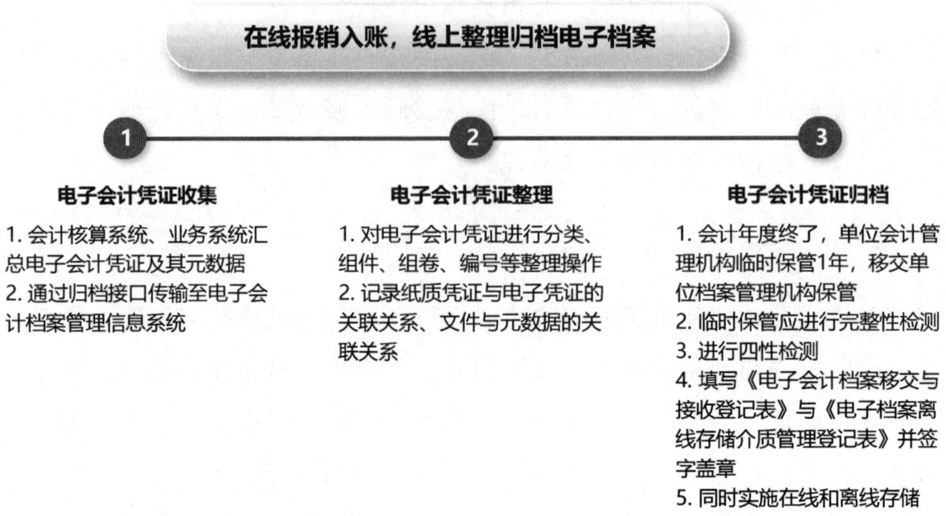

图 3-24　在线报销入账，线上整理归档电子档案流程

已建立电子会计档案管理信息系统，并应用业务系统（如报销系统、开票系统）和会计核算系统的单位，电子发票参照《电子会计档案管理规范》要求实行在线收集、整理、归档。

第一步，电子会计凭证收集。会计核算系统、业务系统汇总整理属于归档范围的电子会计凭证（如记账凭证、含电子发票的原始凭证）及其元数据，并通过归档接口传输至电子会计档案管理信息系统。

第二步，电子会计凭证整理。收集完成后，应及时对电子会计凭证进行分类、组件、组卷、编号等整理操作。

分类：推荐采用会计资料形式—会计年度—保管期限分类法，并划定“门类号”为会计类（KU）、“形式”为凭证（PZ）、保管期限为 30 年。

组件：按记账凭证号进行组件，以电子记账凭证为主件，电子记账凭证、电子报账单、电子发票、其他电子原始凭证等组成一件。件内按电子记账凭证、电子报账单、电子发票、其他电子原始凭证的顺序排列。

组卷：按适当的时间周期对已组件的电子会计凭证进行组卷，卷内按记账凭证号先后顺序排列；案卷按卷号先后顺序排列。实行凭证分类管理的单位，可按类型结合时间进行组卷，一般同类型的电子会计凭证组成一卷。

编号：推荐采用全宗号—门类号（KU）—形式（PZ）—年度—案卷号—件号（卷内序号）的结构编制档号，案卷号和件号可由4位阿拉伯数字标识，不足4位的，前面用0补足。

同一记账凭证号的会计凭证存在不同记录形式时，可按照记录形式分别进行整理，并以元数据方式记录其关联关系。如记账凭证为电子形式、原始凭证为纸质形式时，记账凭证按电子形式整理，成为一件电子会计档案；原始凭证以纸质形式整理，成为一件纸质会计档案。同时，记账凭证的元数据注明其关联的原始凭证号，在原始凭证适当位置注明对应的记账凭证号。

第三步，电子会计凭证归档。经整理的电子会计凭证在会计年度终了后，可由单位会计管理机构临时保管1年，再移交单位档案管理机构保管。

临时保管：单位会计管理机构应对进入临时保管的电子会计凭证进行完整性检测。

移交检测：单位档案管理机构应按照《文书类电子档案检测一般要求》（DA/T70—2018）的有关要求，对单位会计管理机构移交的电子会计凭证档案进行检测，检测合格后方可接收。

移交与接收：检测合格后，单位档案管理机构与会计管理机构应通过线上或线下及时办理交接手续，双方填写《电子会计档案移交与接收登记表》与《电子档案离线存储介质管理登记表》并签字盖章。

保管：电子会计凭证档案应同时实施在线和离线存储。在线存储按电子会计档案管理信息系统运行要求实施，离线存储应使用具有较好耐久性的载体，包括硬磁盘、磁带、固态硬盘（SSD）、DVD光盘、蓝光光盘、缩微胶片等。有条件的单位，可在此基础上进行异地备份。

2. 采用线下报销入账的电子发票在线收集、整理、归档（见图3-25）

已建立电子会计档案管理信息系统，但未应用业务系统或会计核算系统的单位，会计资料（如记账凭证、原始凭证）为纸质凭证，无法与电子发票一起整理的，必须分别组成保管单位（组卷），应先进行纸质凭证的收集、整理、归档，然后将电子发票上传挂接到电子会计档案管理信息系统中相应的条目，并在电子发票台账中注明“已归档”。

线下报销入账，线上整理归档电子档案

针对线下报销入账、线上归档的情况：应分别组卷，先进行纸质凭证的收集、整理、归档，再将电子发票上传至档案系统对应的条目，并更新电子发票台账。

图 3－25 线下报销入账，线上整理归档电子档案流程

（二）线下收集、整理、归档

1. 采用线下报销入账的电子发票线下收集、整理、归档（见图 3－26）

线下报销入账，线下整理归档电子发票档案

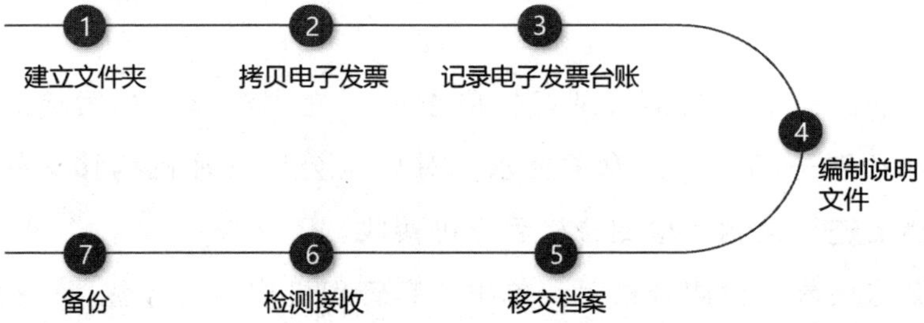

图 3－26 线下收集、整理、归档流程

既没有实施电子档案管理信息系统，也未应用业务系统或会计核算系统，采用线下方式报销入账的单位，记账凭证、原始凭证及电子发票的打印件等一般采用纸质方式收集、整理、归档，电子发票应按以下方法进行收集、整理、归档。

第一步，建立文件夹。根据纸质载体会计凭证卷（册）情况，在磁盘、U 盘等存储载体上建立相应文件夹。一般一个月为一卷（册）建立一个文件夹，具体参见附录 D。

第二步，拷贝电子发票。将电子发票按其关联的记账凭证所属卷（册）拷贝至相应文件夹。

第三步，填写相关信息。将相应纸质载体会计凭证的档号、保管期限等信息填入报销入账过程中形成的电子发票台账中，参见附录 B。

第四步，编制说明文件。将电子发票的会计期间、数量、移交人、其他需要说明的情况（如非通用格式文件说明）等编制成 TXT 文件。例如：2020 年 1—12 月电子发票，共 555 件，张三移交，并按照附录 D 所示结构图存储于电子发票文件夹中。

第五步，移交档案。将电子会计档案登记表及其纸质文件、电子发票、说明文件和其他纸质档案在规定时限内移交档案人员。

第六步，检测接收。档案人员对接收到的电子发票进行检测（参见附录 G），检测合格后填写电子发票归档登记表（参见附录 E）予以接收。

第七步，备份。将检测合格后的电子发票再制作至少一份磁盘、U 盘、光盘等，用作备份存储。

2. 采用在线报销入账的电子发票线下收集、整理、归档

全面数字化的电子发票采取在线报销入账，档案线下管理的情况如图 3－27 所示。

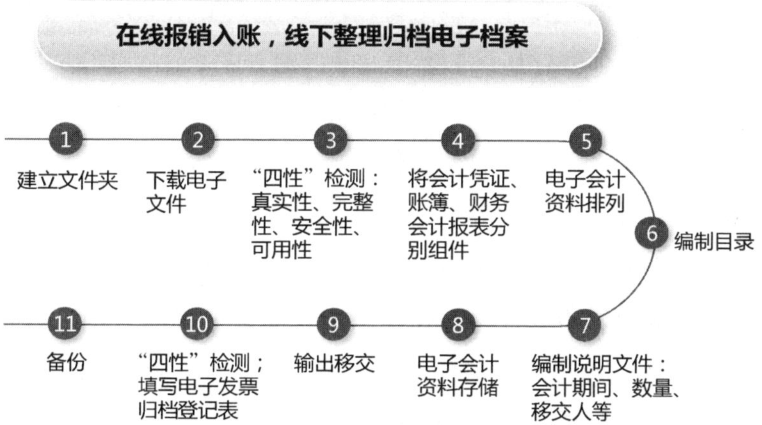

图 3－27 全面数字化的电子发票在线报销入账，线下收集、整理、归档流程

没有电子档案管理信息系统但应用了业务系统或核算系统、采用线上报销入账的单位，可将电子发票与电子记账凭证、原始凭证、会计账簿、财务会计报告等会计资料一并采用以下方法进行电子归档，所接收的部分纸质发票另行整理装订，但应注明其报销单号和记账凭证号。

第一步，建立文件夹。根据分类方案按附录 F 图示的文件夹结构建立

文件夹。

第二步，下载电子文件。从会计核算系统下载电子会计凭证、会计账簿及财务会计报告等电子会计资料，存储格式一般为符合国家标准要求的版式电子文件，也可同时存一份 XML 文件，采用“年度—会计资料类型代码—月份—8 位顺序号”方式进行命名，其中会计凭证的会计资料类型代码可为 PZ，会计账簿的会计资料类型代码可为 ZB，财务会计报告的会计资料类型代码可为 BG，其他会计资料的类型代码可为 QT。将下载的电子会计资料存入相应文件夹。

第三步，“四性”检测。对下载后的电子会计资料进行真实性、完整性、可用性和安全性检测，检测方法参见附录 G。

第四步，电子会计资料组件。将同一凭证号的电子会计凭证拷贝至同一文件夹，并在文件夹内按记账凭证、报销单、发票、其他附件的顺序排列，一个文件夹视为一件；电子会计账簿按科目、会计周期，结合单个电子文件可存储的数据量组件，每个会计周期为一件；电子财务会计报告按会计周期组件，一个会计周期为一件。

第五步，电子会计资料排列。根据分类方案和电子会计资料号顺序以件为单位通过确定文件夹名的方式依次排列电子会计资料，编制档号，保管期限按照《会计档案管理办法》划定。

第六步，编制目录。参照附录 C 编制电子会计档案目录。

第七步，编制说明文件。参照附录 F 图示编制说明文件，内容包括电子会计档案内容（会计期间 + 会计文件形式）、电子会计档案数量、移交人、其他需要说明的情况（如非通用格式文件说明）等。例如：2020 年 1—12 月电子会计凭证，共 555 件，张三移交。

第八步，电子会计资料存储。参照附录 F 图示将电子会计资料、目录（电子会计资料登记表）及说明文件进行存储。

第九步，输出移交。将目录（电子会计资料登记表）输出纸质文件。把电子形式的会计资料、说明文件、目录（电子会计资料登记表）连同纸质目录在规定时限内移交档案人员。

第十步，接收检测。档案人员对接收到的电子会计资料进行“四性”检测（参见附录 G）。检测合格后填写电子发票归档登记表（参见附录 E），并予以接收。

第十一步，备份。将检测合格后的电子发票再制作至少一份磁盘、U 盘、光盘等，用作备份存储。

暂时无法采用上述方法归档的，也可以将电子发票和其他会计凭证一起输出纸质形式后进行收集、整理、归档。其中，电子发票还必须同时按照“采用线下报销入账的电子发票线下收集、整理、归档”所示方法进行收集、整理、归档。

六、全面数字化的电子发票档案的保管、利用、鉴定、处置

（一）保管

电子发票实行在线归档管理的单位，应为电子发票档案的安全存储配置适当的在线存储设备，档案人员应进行检测，发现问题尽快采取措施解决。

电子发票实行线下归档管理的单位，档案人员应每两年对离线存储的电子发票档案进行一次可用性检测。发现存在读取风险的应尽快采取措施解决。电子发票归档要求如图 3－28 所示。

图 3－28　归档要求

（二）利用

1. 在线利用

通过电子档案管理信息系统归档电子发票的单位应按照职务、岗位等的需求赋予员工利用电子发票档案的权限，并为员工在线查询、利用电子发票档案提供便利。

2. 人工利用

实行电子发票线下归档管理的单位应提供电子发票档案的人工调阅查询方式，设置查询登记簿、审批单等表格。超权限利用时还应由使用员工填写审批表，经有关负责人审批同意后方可利用。利用档案时应在档案部门或档案人员的监控范围内使用，确保利用过程中不损坏、更改、丢失电子发票档案。用于保存和备份电子发票档案的存储介质不得外借。

3. 外部单位利用

单位保存的电子发票档案一般不得对外借出。确因工作需要且根据国家有关规定必须借出的，应当严格按照规定办理相关手续。借用单位应当妥善保管和利用借入的档案，确保借入电子发票档案的安全完整，并在规定时间内归还。

（三）鉴定

单位应定期对已到保管期限的电子发票档案进行鉴定，形成鉴定意见书。

电子发票档案鉴定工作应由单位档案管理机构牵头，组织单位的会计、信息技术、审计、纪检监察等机构或人员共同进行。

（四）处置

1. 重新划定保管期限

经鉴定，仍需继续保存的电子发票档案，应重新划定保管期限。

保管期满但未结清债权债务或涉及其他未了事项的电子发票档案不应销毁，应单独抽出立卷或转存，直至未了事项完结为止。单独抽出立卷或转存的电子发票档案，应在电子发票档案鉴定意见书、电子发票档案销毁清册和电子发票档案保管清册中列明。

2. 销毁

经鉴定可以销毁的电子发票档案，一般按照《电子会计档案管理规范》的要求与相关的会计档案一起销毁，也可以按以下程序单独销毁。

（1）由单位档案管理机构输出电子发票档案销毁清册，列明拟销毁电子发票档案的名称、册数、起止年度、档号、应保管期限、已保管期限、应销毁时间等内容。

（2）单位负责人、档案管理机构负责人、档案管理机构经办人在电子发票档案销毁清册上签署意见。

（3）单位档案管理机构负责组织电子发票档案销毁工作，并与发票管理机构共同派员监销，销毁完成后监销人员在销毁清单上签字。电子发票档案销毁应通过物理删除的方式进行，并进行不可恢复性验证，销毁清册及记录宜输出纸质文件永久保存。

电子发票档案的利用、鉴定及处置流程，如图 3－29 所示。

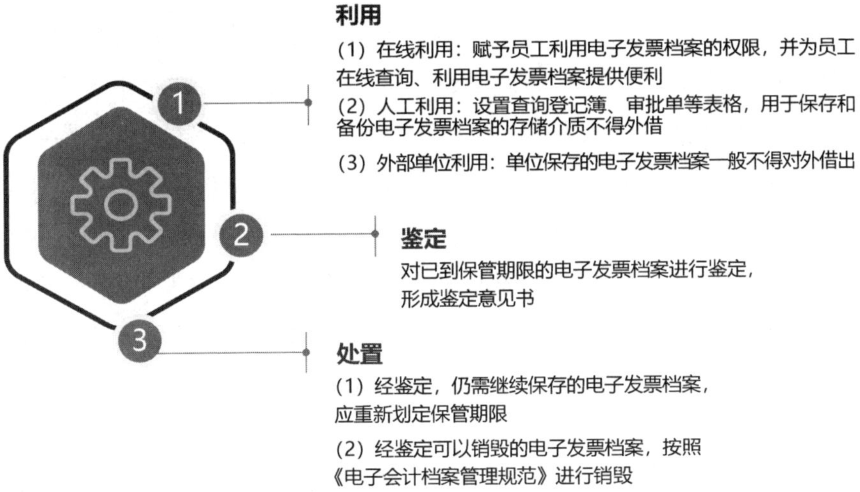

图 3－29　档案利用、鉴定、处置流程

第三节　发票电子化给财税管理带来的变化

一、开票的变化

（一）开具方式更便捷

随着发票电子化改革的推进，数电票时代下，开票方将不再依托金税盘、税控盘、税务 U－key 等税控设备开具发票，可以直接通过电子发票服务平台进行开票，大大方便了开票操作。只要网络连接正常，开票方就可以随时随地开具发票，摆脱了税控设备的限制。

（二）开具流程更简化

与纸质发票相比，电子发票省略了印刷、领取等环节。在买卖交易活动完成后，电子发票管理系统也随着同步完成自动开具电子发票的过程。电子发票的开具、传送等操作程序可同步开展，开票系统实行即开即验。省去手工开票的流程，避免了发票印章不清晰等状况。而且发票使用者可以实时获取电子发票，获取的渠道也多种多样，如通过邮箱推送、二维码扫描程序等途径。电子发票可以自行随时打印，大大缩短了发票收集时间，同时也解决了票据丢失的风险，规避了在纸质发票报销环节中出现经办人报销票据遗失风险。同时，发票的电子化形态，使财务管理人员可以直接通过财务软件实现发票的整理和统计，省略了纸质发票的人工整理、核对等工作，降低了发票管理工作的风险性和出错率，节约了大量的时间和精力，简化了财务工作流程，进一步提高了财务管理效率。

（三）交付更便捷

对开票方而言，发票电子化之后，可以更便捷地向受票方交付发票。

开票方可以根据对方的需要灵活进行交付，包括二维码交票、邮箱推送、短信链接推送、数字账户推送。不再需要通过当面交付、邮寄等方式交付发票，缩短了交付时间，给更多业务场景带来了方便。尤其对于餐饮业、零售业、服务业的开票方来说，带来了明显的便捷。

二、收票的变化

（一）降低丢失、损毁的风险

纸质票在运输、存放过程中有丢失、损毁的风险，因此受票方在收票的过程中需要花费更多精力和成本保证发票不会丢失损毁。与纸质票相比，电子发票可以在线上完成传输过程，电子发票的原文件可以很方便地进行复制、传输、存储，大大减少了丢失、损毁的风险，一旦找不到发票，可以很方便地通过查找邮件、微信卡包、短信下载链接、数字账户等多种渠道找回电子发票原文件，或者可以联系开票方重新推送电子发票原文件，基本不会丢失、损毁。

（二）减少邮寄成本

对于收票方来说，纸质发票主要通过当面交付、邮寄等方式获取，需要消耗邮寄费，需要占用一定的人员来进行纸质票的收件、寄件操作。如果发票丢失或者需要重开，还需要耗费更多的时间成本和人力成本，有较大的风险。

（三）收票方式多样化

电子发票可以通过二维码、邮箱、微信卡包、短信链接、数字账户等多种方式获取（见图 3－30），适合多种收票场景，满足受票方的灵活需要。企业员工在获取发票时，可以按照自己的习惯，灵活选择收票方式。

图 3-30 获取电子发票的方式

三、用票的变化

(一) 电子发票易篡改，查验繁琐

电子票据相对于纸质票据，在技术层面上更容易通过 PS 等方式进行伪造。财务人员在收到电子票据，尤其是电子发票时，需要对每一张电子发票进行验真。有的企业财务人员习惯让报销人上交查验明细的打印件，这是一种不负责任的做法，如果对方存在利用 PS 技术篡改发票，那么也能篡改查验明细。在这种情况下，财务人员为了保险起见，须自己手动进行验真，验真通过之后，才可以进行报销。

(二) 电子发票能多次打印，查重繁琐

电子发票没有联次，并且可以多次复制、多次打印等。与纸质发票根本的不同点是纸质发票从技术上难以复制、篡改，但是电子发票可以多次复制。正因为这一特性，致使电子发票能多次重复下载、打印，这样的情况，就给别有用心的报销人员有机可乘的空间，将同一张发票多次打印交给财务，或者由不同的人打印同一张发票交给财务，财务在收集发票的过程中难以辨别是否重复。尽管电子发票的防伪技术已经非常缜密成熟，但面对大量员工报销业务，财务很难逐一检验电子发票的唯一性。

（三）打印排版难

对于信息化程度不高的企业，还需要以电子发票打印件作为报销入账归档的依据，财务人员对发票进行批量打印较为困难。电子发票的 PDF 和 OFD 格式不方便排版，财务需要将多个发票合并成一个 PDF 文件，再在打印界面手动设置缩微打印。遇到打印纸张大小与凭证纸不一样的情况，还需要花费大量时间裁剪、折叠打印件，耗时耗力。

（四）XML 文件不符合审核习惯

对于财务人员来说，数电票的审核是一个大问题。数电票的 XML 格式审核起来不直观，票面信息夹杂在数据电文当中，财务很难快速、准确地提炼全部发票信息。如果对方仅提供了 XML 格式，对于财务来说将会是一个负担和难题，因为 XML 格式审核起来效率低下、工作量大、错误率高（见图 3－31）。


```
    ▼<GeneralOrSpecialVAT>
        <LabelCode>01</LabelCode>
        <LabelName>增值税专用发票</LabelName>
      </GeneralOrSpecialVAT>
    ▼<TaxpayerType>
        <LabelCode>1</LabelCode>
        <LabelName>一般纳税人</LabelName>
      </TaxpayerType>
    </InherentLabel>
  ▼<UndefinedLabel>
    ▼<Label>
        <LabelType>发票开具方式标签</LabelType>
        <LabelCode>1</LabelCode>
        <LabelName>网页开票</LabelName>
      </Label>
    </UndefinedLabel>
  </Header>
▼<EInvoiceData>
  ▼<SellerInformation>
      <SellerIdNum>91440500MA4W1GJT09</SellerIdNum>
      <SellerName>汕头市轻居酒店有限公司</SellerName>
      <SellerAddr>汕头市龙湖区珠池路62号</SellerAddr>
      <SellerTelNum>88892611</SellerTelNum>
      <SellerBankName>中国建设银行股份有限公司汕头练江支行</SellerBankName>
      <SellerBankAccNum>44050165150100000095</SellerBankAccNum>
    </SellerInformation>
  ▼<BuyerInformation>
      <BuyerIdNum>91120118MA07CDYQ37</BuyerIdNum>
      <BuyerName>北京燃气集团（天津）天然气销售有限公司</BuyerName>
      <BuyerHandlingName/>
    </BuyerInformation>
  ▼<BasicInformation>
      <TotalAmWithoutTax>243.87</TotalAmWithoutTax>
      <TotalTaxAm>14.63</TotalTaxAm>
      <TotalTax-includedAmount>258.50</TotalTax-includedAmount>
      <TotalTax-includedAmountInChinese>贰佰伍拾捌圆伍角</TotalTax-includedAmountInChinese>
      <Drawer>陈立鹏</Drawer>
      <RequestTime>2023-03-14</RequestTime>
```


图 3－31　XML 文件审核界面

（五）整理票据档案繁琐

按照《电子发票全流程电子化管理指南》的规定，在报销阶段，财务应当建立票据档案，并建立全年票据台账。票据档案的归档结构应当按照“年＋月”的结构进行归档，并建立全年的目录台账。因此财务人员需要对收到的电子发票按图 3－32 中的结构进行归档，并按照图 3－32 中的格式建立台账。

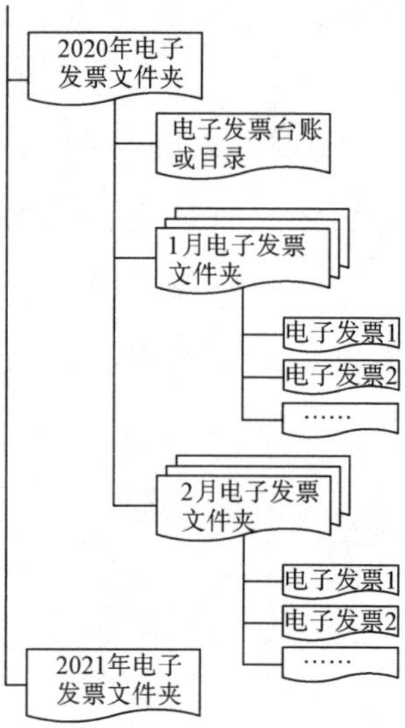

序号	发票类型	发票代码	发票号码	开票日期	销售方	货物或应税劳务、服务名称	价款	税额	价税合计	电子发票文件名称	报账单位	报销人	报账单号	报账日期	报账金额	档号	保管期限

图 3－32 电子票据档案结构与台账格式

（六）归档繁琐

按照《电子发票全流程电子化管理指南》，企业需要对电子发票、数电票的电子原件进行归档。

1. 以电子发票打印件作为归档依据的企业

如果企业的信息化程度不高，是以电子发票打印件作为报销入账归档依据的，则需要建立全年文件夹，在全年文件夹下建立各个会计期间的文件夹，并在各文件夹下保存会计凭证。除此之外，还要保存全年的电子会计凭证目录、说明文件。如图 3－33 所示。

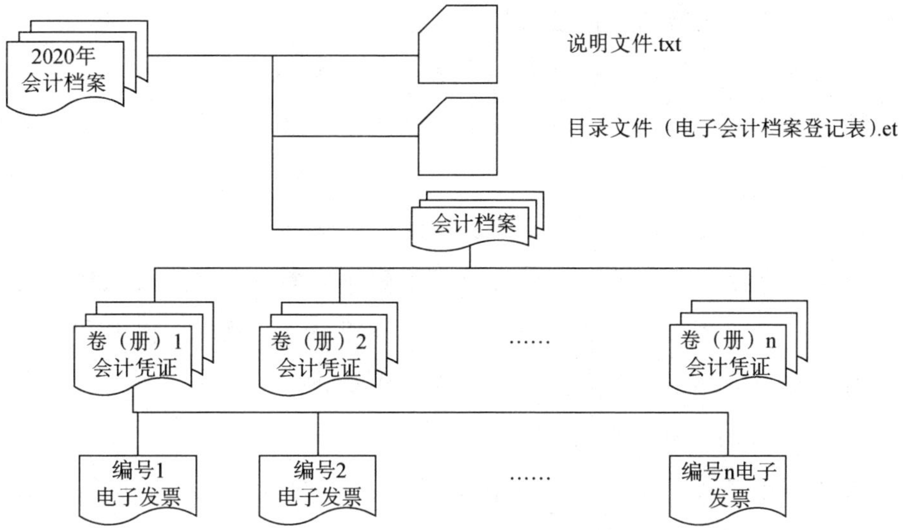

图 3－33　电子会计档案归档结构

按照《电子发票全流程电子化管理指南》规定，财务人员需要按照以下七个步骤进行归档，如图 3－34 所示。

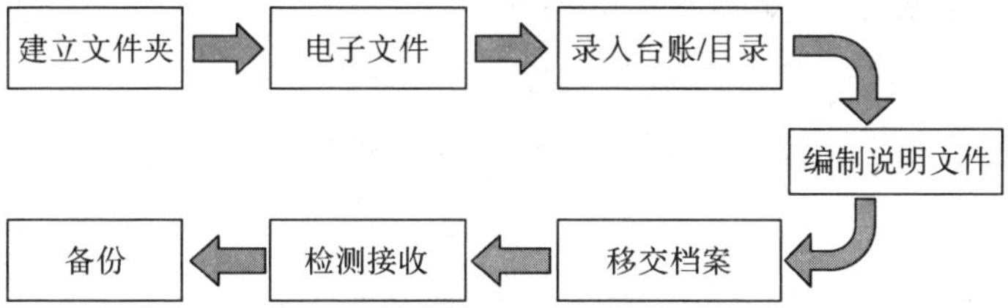

图 3－34　电子会计档案归档步骤

第一步，按规定的结构建立年文件夹＋各会计期间文件夹。

第二步，在各会计期间文件夹下存放电子会计凭证原文件。

第三步，建立全年电子会计档案的目录。

第四步，编制说明文件。内容包括电子会计档案内容（会计期间＋会计文件形式）、电子会计档案数量、移交人、其他需要说明的情况（如非通用格式文件说明）等。例如：2020 年 1—12 月电子会计凭证，共 555 件，张三移交。

第五步，移交电子会计档案，财务人员需将电子会计档案的电子原件以硬件的形式转交给档案保管人员。

第六步，档案管理人员在接收档案时，需要对档案进行“四性”检测，即：真实性、完整性、可用性、安全性。检测合格后填写电子发票归档登记表。

第七步，拷贝备份，存入磁盘、U 盘或光盘当中。

对于这部分企业来说，财务人员除了要保存纸质会计档案之外，还需要额外对电子发票、数电票的原文件进行整理归档，整理文件夹和电子原件的过程繁琐重复，耗费大量时间和人力成本。

2. 线上报销入账归档的企业

按照《电子发票全流程电子化管理指南》的要求，线上报销入账归档的企业，需按照会计档案类别分别进行归档。其中凭证类会计档案需要按照月份进行归档，每个月都要按照凭证号归档整理，每个凭证号下包含记账凭证、报销单、电子发票/数电票、其他凭证。其中，电子发票/数电票必须要保存电子原件。增值税电子发票需保存 PDF、OFD 格式，数电票必须保存 XML 格式，如图 3－35 所示。

企业需要按照以下步骤进行归档，如图 3－36 所示。

第一步，建立文件夹。根据分类方案按图 3－35 展示的文件夹结构建立文件夹。

第二步，下载电子文件。从会计核算系统下载电子会计凭证、会计账簿及财务会计报告等电子会计资料，存储格式一般为符合国家标准要求的版式电子文件，也可同时存一份 XML 文件，采用“年度—会计资料类型代码—月份—8 位顺序号”方式进行命名，其中会计凭证的会计资料类型代码可为 PZ。将下载的电子会计资料存入相应文件夹。

第三步，“四性”检测。对下载后的电子会计资料进行真实性、完整性、可用性和安全性检测。

第四步，电子会计资料组件。将同一凭证号的电子会计凭证拷贝至同一文件夹，并在文件夹内按记账凭证、报销单、发票、其他附件的顺序排列，一个文件夹视为一件；电子会计账簿按科目、会计周期，结合单个电

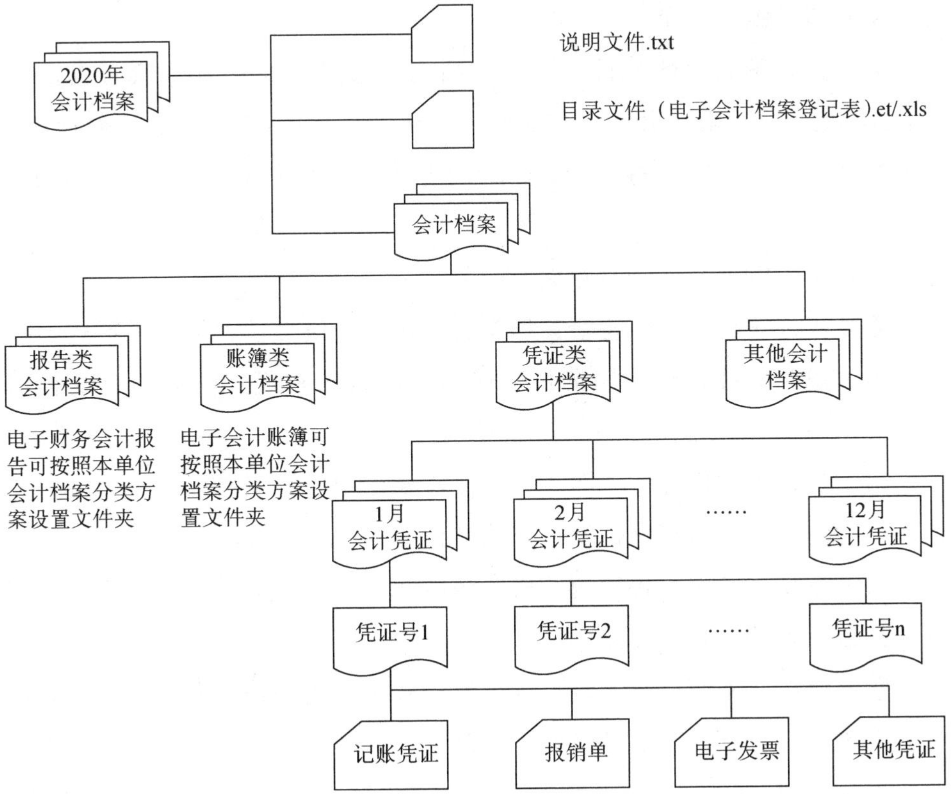

图 3－35 电子会计档案归档结构

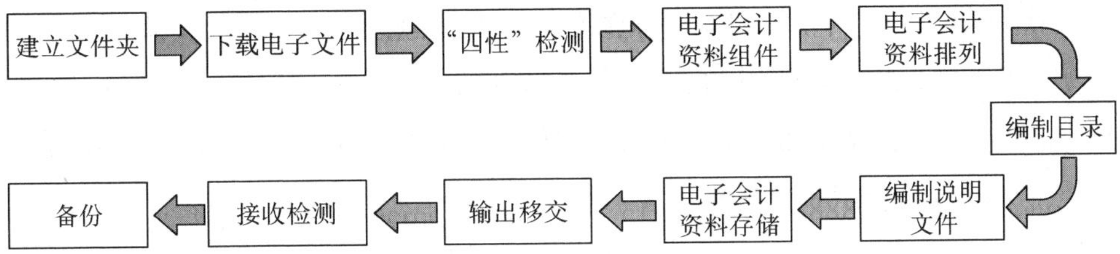

图 3－36 电子会计档案归档步骤

子文件可存储的数据量组件，每个会计周期为一件；电子财务会计报告按会计周期组件，一个会计周期为一件。

第五步，电子会计资料排列。根据分类方案和电子会计资料号顺序以件为单位通过确定文件夹名的方式依次排列电子会计资料，编制档号，保管期限按照《会计档案管理办法》划定。

第六步，编制目录。

第七步，编制说明文件。内容包括电子会计档案内容（会计期间 + 会计文件形式）、电子会计档案数量、移交人、其他需要说明的情况（如非通用格式文件说明）等。例如：2020 年 1—12 月电子会计凭证，共 555 件，张三移交。

第八步，电子会计资料存储。

第九步，输出移交。将会计档案目录输出纸质文件。把电子形式的会计资料、说明文件、会计档案目录连同纸质目录在规定时限内移交档案人员。

第十步，接收检测。档案人员对接收到的电子会计资料进行“四性”检测。检测合格后填写电子发票归档登记表，并予以接收。

第十一步，备份。将检测合格后的电子发票再制作至少一份磁盘、U 盘、光盘等，用作备份存储。

数电票推广之后，对于线上进行报销入账归档的企业来说，亟须对自身的系统进行升级改造，以保证报销系统、财务系统、电子档案系统能够解析读取 XML 文件，并能生成结构化存储文件。如果企业只有报销系统、财务系统，没有电子档案系统，将会面临归档难、存储难、工作量大的问题，所以最有效率的方法就是上线电子档案系统。需要注意的是，《电子发票全流程电子化管理指南》当中强调了企业应当有本地的电子档案备份，所以如果企业使用的是 SAAS 云部署的报销入账归档系统，也应当注意在本地硬件当中做一份备份。

2023 年 5 月，电子凭证会计数据标准深化试点推动后，试点单位都在要求的时限内迅速上线电子档案或对系统进行升级改造，已满足 XML 格式解析、读取、结构化存储的要求。除了试点单位以外，非试点单位也应该有提早布局的意识，从底层完成企业财务管理的数字化转型，降低政策风险和税务风险，提高效率，降低成本。

四、存票的变化

（一）存票的正确格式

《财政部 国家档案局关于规范电子会计凭证报销入账归档的通知》（财会〔2020〕6号）明确规定：来源合法、真实的电子会计凭证与纸质会计凭证具有同等法律效力。并且还指出，单位以电子会计凭证的纸质打印件作为报销入账归档依据的，必须同时保存打印该纸质件的电子会计凭证。

1. 数电票的存储格式

根据各省、市税务局发布的全面数字化电子发票试点公告，数电票提供PDF、OFD和XML三种电子文件格式，其中，PDF和OFD为预览发票内容的格式，含有数字签名的XML格式才是符合财政部入账要求的电子文件格式。纳税人需要以数电票的纸质打印件作为报销入账归档依据的，应当同时保存数电票含有数字签名的XML格式电子文件。如果企业对数电票打印有需求，则在保存XML格式的同时，需要同时保存PDF或OFD格式用于打印。数电票格式要求如表3-1所示。

表3-1　　数电票格式要求

格式	打印	归档
PDF	√	×
OFD	√	×
XML	×	√

2. 增值税电子发票的存储格式

增值税电子发票的电子原件为PDF、OFD格式，打印件不能作为报销入账归档的唯一依据。在以打印件报销入账归档的同时，还必须保存PDF、OFD格式原件。

3. 电子原件与电子副本的区别

财务人员在接收电子发票的时候，需要检查发票是否为电子原件。如果员工提供的是电子发票的截图、拍照、扫描件，则需提醒员工更换为电子原件。因为电子发票在截图、拍照、扫描的时候，有人为篡改的可能性，所以截图、拍照、扫描件是电子副本，不属于电子原件。

对于手工做账的企业来说，除了保存纸质打印件之外，还必须保存电子原文件，财务人员面临更多的工作量；对于信息化程度较高的企业，管理电子发票的大部分工作都可以用软件替代，财务人员的工作量虽然没有明显增加，但是对于数据安全，还是一个大问题。

（二）电子发票查询不直观

假如财务要在票据档案的文件夹里模糊查询某张发票，将会花费很多时间。需要到文件夹里翻找发票原文件，由于发票原文件的命名规则也需要按照政策要求进行命名，所以仅凭发票命名很难定位到自己想要找的那张发票。以数电票为例，数电票文件的命名规则应当为“dzfp + 20 位发票号码 + 下载时间”，财务无法根据文件命名来精准定位自己想要找的发票，需要逐张查找，不直观、不方便。电子发票文件命名格式如图 3 – 37 所示。

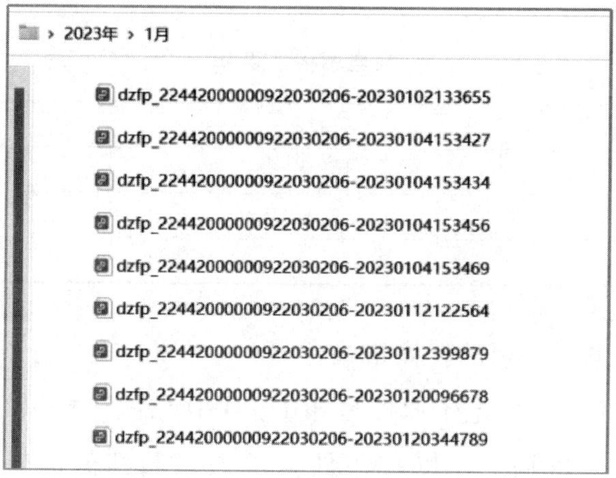

图 3 – 37　电子发票文件命名格式

（三）难以满足电子发票保管年限的规定

根据《会计档案管理办法》的规定，电子会计凭证应当保管 30 年，并需采取多重备份、定期检测的方法保证电子发票不会丢失并且能被读取。《电子发票全流程电子化管理指南》中指出，经检验合格的电子发票，需要存储一份磁盘、U 盘、光盘备份。

财务人员习惯将电子会计凭证保存在电脑或 U 盘当中，但是这些电子设备的寿命十分有限，远不能满足 30 年的要求，一旦发生电脑、U 盘丢失或损坏的情况，就会导致里面的发票数据丢失。因此，无论企业的信息化程度高不高，都面临着信息存储的安全问题，数据的定期备份、检测，旧设备向新设备的迁移，始终都是企业需要关注的问题。

第四章

电子凭证会计数据标准试点深化企业财税数字化转型

第一节　电子凭证会计数据标准试点政策解读

随着我国经济发展进入数字经济时代，电子形式的税务发票、财政票据、铁路客票、航空客票、银行回单和对账单等各类电子凭证应用范围不断扩大，给会计工作、社会大众带来了便利。但由于电子凭证种类众多，数据标准不统一，会计信息系统无法自动识别、解析结构化数据，仍然存在电子凭证接收难、入账难、归账难等现象。

2022 年，财政部等八部门联合开展了电子凭证会计数据标准试点相关探索，2023 年 4 月 28 日，在八部门试点的基础上，联合国家档案局共九部门开展了电子凭证会计数据标准深化试点相关工作，以加快推进电子凭证开具、接收到处理、归档等各环节标准化、无纸化处理。伴随着新一轮深化试点，不仅“试数据标准、试技术路线、试推广路径”，还将在试点过程中有序扩大试点电子凭证的种类和开具范围，稳步扩大接收端试点单位范围，进一步优化完善技术路线，建立健全配套制度，加强平台能力建设，这对于各单位进一步推动财务数字化提供了有力支撑。

一、电子凭证会计数据标准试点历程

电子凭证会计数据标准试点相关工作是在深入贯彻党的二十大关于“加快建设数字中国，加快推动经济社会发展绿色化、低碳化的发展”，以及“发展数字经济”等有关精神，按照《会计改革与发展“十四五”规划纲要》中推进会计数字化转型等相关要求的背景下开展的，自2021年起，我国财政部就组织开展了关于电子凭证会计数据标准相关探索工作。

（一）电子凭证会计数据标准试点初步启动阶段

2022年，财政部在首次发布《电子凭证会计数据标准》后，2022年2月与国家税务总局、人民银行、国务院国资委、国家标准化管理委员会、国家电子文件管理部际联席会议办公室、民航局、中国国家铁路集团有限公司共八个部委联合开展了电子凭证会计数据标准试点工作（以下简称“电子凭证一期试点”）。

1. 电子凭证会计数据标准试点的电子凭证类型

纳入此次试点的凭证有电子发票（含电子专票和电子普票）、铁路电子客票、航空运输电子客票行程单、电子非税收入一般缴款书、银行电子回单、银行电子对账单，共七种类型。

2. 电子凭证一期开具端试点单位

开具端试点范围包含国家电网有限公司、中国工商银行股份有限公司、中国光大银行股份有限公司等4家银行、中国国家铁路集团有限公司、中国南方航空股份有限公司、工业和信息化部通信清算中心等单位。试点电子凭证类型与相应开具端试点单位如表4－1所示。

表4－1　电子凭证会计数据标准开具端试点单位及电子凭证类型

电子凭证类型	开具端试点单位
电子发票	国家电网有限公司

续表

电子凭证类型	开具端试点单位
银行电子回单、银行电子对账单	中国工商银行股份有限公司、中国光大银行股份有限公司 浙商银行股份有限公司、盛京银行股份有限公司
铁路电子客票	中国国家铁路集团有限公司
航空运输电子客票行程单	中国南方航空股份有限公司
电子非税收入一般缴款书	工业和信息化部通信清算中心

3. 电子凭证一期接收端试点单位

电子凭证一期接收端试点单位包含34家中央企业、30家中央科研单位及部属高等院校以及37家地方试点单位，共101家及浙江省各类企事业单位、政府相关部门。

4. 电子凭证会计数据标准试点时间安排

2022年3月底之前，完成接收端及开具端试点单位的系统改造，并按照财政部要求报送试点单位白名单。2022年4—6月，试点单位按周报送试点进展情况。2022年6月底之前，进行阶段性评估。

（二）电子凭证会计数据标准试点深化发展阶段

2023年4月28日，财政部等八部门在电子凭证一期试点的基础上，联合国家档案局开展了电子凭证会计数据标准深化试点工作（以下简称“电子凭证深化试点”），发布了《关于联合开展电子凭证会计数据标准深化试点工作的通知》（财会〔2023〕7号），着力解决广大企事业单位存在的电子凭证“接收难、入账难、归档难”问题，推进会计信息化和管理数字化转型，政策原文详见附录I。

1. 电子凭证深化试点的凭证类型

在电子凭证一期试点七类电子凭证的基础上，将全面数字化的电子发票（以下简称“数电票”）及财政电子票据纳入电子凭证会计数据标准深化试点范围，共九类。

2. 电子凭证深化试点开具端试点单位

开具端试点范围在一期试点的基础上进行了扩围，电子凭证会计数据标准试点单位如表 4－2 所示。

表 4－2　　电子凭证会计数据标准开具端试点单位及电子凭证类型

电子凭证类型	一期试点单位	深化试点单位
电子发票	国家电网有限公司	国家电网有限公司
银行电子回单、银行电子对账单	中国工商银行股份有限公司、中国光大银行股份有限公司、浙商银行股份有限公司、盛京银行股份有限公司	接入银行电子凭证互联互通平台的所有银行（截至 2023 年 3 月共 54 家）
铁路电子客票	中国国家铁路集团有限公司	中国国家铁路集团有限公司在数电票试点省份的所有开票主体
航空运输电子客票行程单	中国南方航空股份有限公司	中国南方航空股份有限公司、四川航空股份有限公司、中国东方航空集团有限公司以及 3 家民航销售代理企业
电子非税收入一般缴款书	工业和信息化部通信清算中心	中央部门、浙江省、陕西省所有执收单位
全面数字化的电子发票	—	数电票试点省份内能开具数电票的所有开票主体
财政电子票据	—	中央和浙江省开票单位

3. 电子凭证会计数据标准接收端试点单位

在电子凭证一期 101 家接收端试点单位基础上，扩大接收端试点范围至 354 家，包含 76 家中央企业、45 家中央级行政事业单位、66 家金融机构以及 167 家地方试点单位。

4. 增加电子凭证和财务会计类相关服务平台

为充分发挥平台以点带面的引领作用，确保深化试点工作顺利进行，新增电子凭证深化试点 8 家电子凭证开具分发平台、16 家代理记账平台、5 家票务服务平台以及 13 家政务财务服务平台，为各试点单位提供软硬件服务。

5. 电子凭证会计数据标准试点时间安排

2023 年 6 月底之前，新增接收端试点单位完成相关系统的技术改造，确保具备接收（处理）电子凭证的能力。原接收端试点单位对接收到的所有符合标准的电子凭证，继续常态化开展全流程数字化处理。2023 年 7—9 月，试点单位实现试点电子凭证的常态化处理和运行，开展数据标准验证工作，并及时报告反馈常态化运行情况及发现的问题。财政部及相关主管部门密切跟踪深化试点情况，及时解决相关政策和技术问题。2023 年 10—12 月，财政部会同相关部门对深化试点工作进行总结评估，形成电子凭证会计数据标准信息化工作规范和软件功能规范征求意见稿，研究制定全面推广方案，为标准的全面推广奠定基础。

（三）电子凭证会计数据标准试点推广阶段

2023 年 8 月，财政部发布《关于扎实推进电子凭证会计数据标准深化试点工作有关事项的通知》，鼓励未纳入试点单位名单的企事业单位根据自身实际情况自愿参与深化试点工作。

2024 年 1 月，财政部办公厅印发《关于继续开展电子凭证会计数据标准深化试点工作的通知》（财办会〔2024〕3 号），明确 2024 年继续开展电子凭证会计数据标准深化试点工作。鼓励未纳入试点单位范围、具备条件的单位自愿参与深化试点工作。鼓励推动已纳入试点范围的接收端试点单位的下属单位“能试尽试”。各开具端试点单位加强与试点平台的对接，对试点的电子凭证“应开尽开”，满足各类接收端单位批量化一站式获取电子凭证的需求。已经实现常态化运行的接收端试点单位，对试点电子凭证做到“应处理尽处理”。鼓励接收端试点单位探索符合标准的会计数据应用场景，探索形成可扩展、可聚合、可比对的会计数据要素，服务价值创造。

电子凭证会计数据标准试点历程如图 4-1 所示。

2021年8月	2022年1月	2022年5月	2023年5月	2023年8月	2024年1月
成立专班正式启动	发布标准	一期首次试点	二期深化试点	规模化推广	继续深化试点
《电子入账凭证会计数据标准制定试点推广工作方案》征求意见函	首次发布《电子凭证会计数据标准》	《关于联合开展电子凭证会计数据标准试点工作的通知》	➤《关于联合开展电子凭证会计数据标准深化试点工作的通知》 ➤《电子凭证会计数据标准（试行版）》	《关于扎实推进电子凭证会计数据标准深化试点工作有关事项的通知》：鼓励未纳入试点名单中的单位自愿参与试点	《关于继续开展电子凭证会计数据标准深化试点工作的通知》：2024年6月验收

图 4－1　电子凭证会计数据标准试点历程

可见，我国电子凭证改革势在必行，全面的数字财税时代正在加速到来。

二、深化试点电子凭证的处理流程

电子凭证会计数据标准深化试点的凭证类型分为九种：增值税电子普通发票、增值税电子专用发票、数电票（不含铁路电子客票、航空运输电子客票行程单）、数电票（铁路电子客票）、数电票（航空运输电子客票行程单）、财政电子票据、电子非税收入一般缴款书、银行电子回单和银行电子对账单。明确电子凭证的处理流程直接决定了电子凭证会计数据标准建设的发展水平。

（一）试点数电票总体处理流程

数电票开具端试点单位通过税务总局电子发票服务平台开具数电票后，将含有数字签名的 XML 格式结构化数据文件交付给接收端。

数电票接收端试点单位可通过税务数字账户、邮箱，通信工具如微信、QQ 等渠道，获取含有数字签名，以 XML 格式电子文件形式储存的数电票；接收端试点单位按照税务主管部门的要求，通过“电子发票服务平台”或“全国增值税发票查验平台”进行票据查验；验真成功后解析出数电票的结构化数据，进行报销、入账等业务处理；根据实际入账情况生成符合电子凭证会计数据标准的会计入账信息结构化数据文件；会计期间结束后，接收端试点单位需按照财政部、国家档案局《会计档案管理办法》（财政部 档案局令第79号）和《财政部 国家档案局关于规范电子会计凭证报销入账归档的通知》（财会〔2020〕6号）的相关要求，将数电票原文件、入账信息结构化文件、记账凭证和报销单归档存储，以备财政部门及相关监管部门查验。

数电票试点业务处理具体流程如图4－2所示。

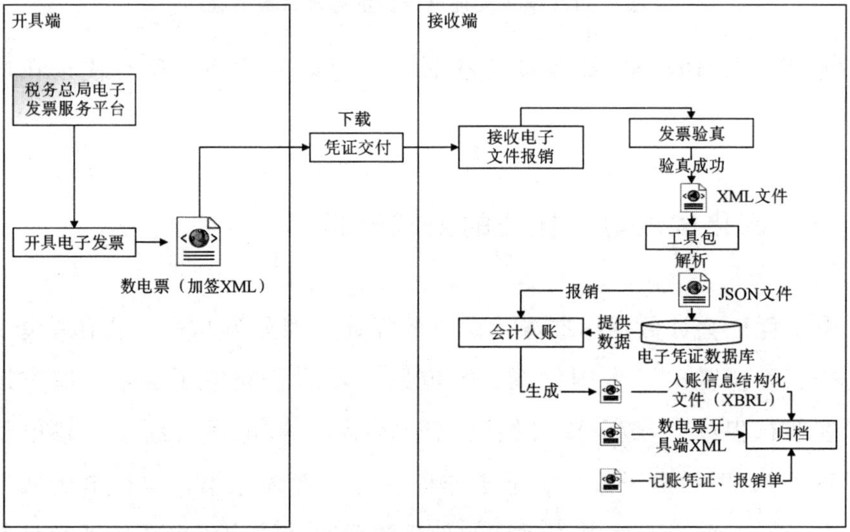

图4－2 试点电子凭证业务处理总体流程（数电票）

（二）试点财政电子票据总体处理流程

财政电子票据开具端试点单位通过财政电子票据开具软件，将已知的开票信息录入后，开具电子凭证结构化数据文件（XML）。然后，通过开具单位与财政监制两轮加签，得到加签后的电子凭证结构化数据文件（XML）。通过版式文件生成服务生成财政票据版式文件（PDF）。最后，对整体文件加签、打包，将内嵌数字签名的XML格式电子文件交付给接收端。

财政电子票据接收端试点单位可通过短信、微信、电子邮件、电子票据专用 App 等多种方式发送给交款人（交款单位）。交款人（交款单位）可以通过财政电子票据管理系统等方式获取财政电子票据。财政电子票据接收端试点单位可以通过登录“财政部全国财政电子票据查验平台”进行票据查验。查验通过后，接收端试点单位可以使用工具包提取和解析内嵌的电子凭证结构化数据文件（XML），解析出财政电子票据的结构化数据文件后，进行报销、入账等业务处理。根据实际入账情况生成符合电子凭证会计数据标准的会计入账信息结构化数据文件；会计期间结束后，接收端试点单位需按照财政部、国家档案局《会计档案管理办法》（财政部档案局令第 79 号）和《财政部 国家档案局关于规范电子会计凭证报销入账归档的通知》（财会〔2020〕6 号）的相关要求，将开具方电子凭证、入账信息结构化文件、记账凭证和报销单归档存储，以备财政部门及相关监管部门检查。财政电子票据试点业务处理具体流程如图 4－3 所示。

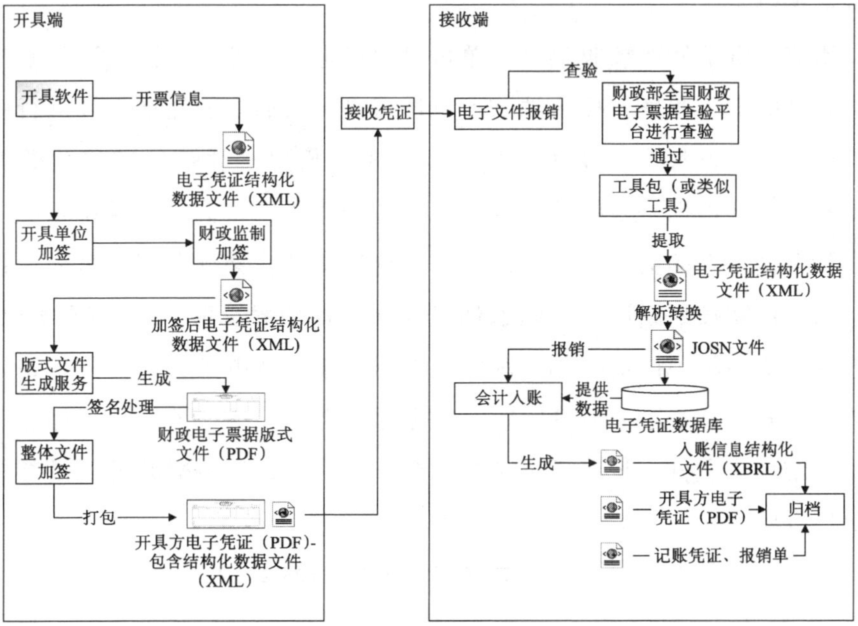

图 4－3 试点电子凭证业务处理总体流程（财政电子票据）

（三）试点增值税电子发票总体处理流程

试点增值税电子发票包含增值税电子发票（普通发票）和增值税电子发票（专用发票）两类，二者总体处理流程一致，具体流程如下：

增值税电子发票开具端试点单位应参照增值税电子发票的开具时间点，同步生成增值税电子发票和电子凭证结构化数据文件。增值税电子发票开具端试点单位开具（交付）的增值税电子发票版式文件为按照税务主管部门要求在税控端开具出来的增值税电子发票。增值税电子发票开具端试点单位开具（交付）的电子凭证结构化数据文件为根据电子凭证会计数据标准同步生成的文件。电子凭证结构化数据文件与增值税电子发票版式文件相互独立，但与电子发票数据同源。增值税电子发票开具端试点单位将电子凭证结构化数据文件加电子签名后，将数据文件和签名文件压缩打包为 ZIP 文件，然后将增值税电子发票以及 ZIP 文件一并交付至接收端试点单位。

增值税电子发票接收端试点单位可通过电子邮件方式获取开具端试点单位开具的电子凭证。接收端试点单位需对接收的电子凭证文件进行验签来验证文件完整性，并使用工具包提取和解析电子凭证的结构化数据文件，然后进行报销、入账等业务处理。根据实际入账情况生成符合电子凭证会计数据标准的会计入账信息结构化数据文件；会计期间结束后，接收端试点单位需按照财政部、国家档案局《会计档案管理办法》（财政部 档案局令第 79 号）和《财政部 国家档案局关于规范电子会计凭证报销入账归档的通知》（财会〔2020〕6 号）的相关要求，将电子凭证压缩包、入账信息结构化文件、记账凭证和报销单归档存储，以备财政部门及相关监管部门查验。

增值税电子发票试点业务处理具体流程如图 4－4 所示。

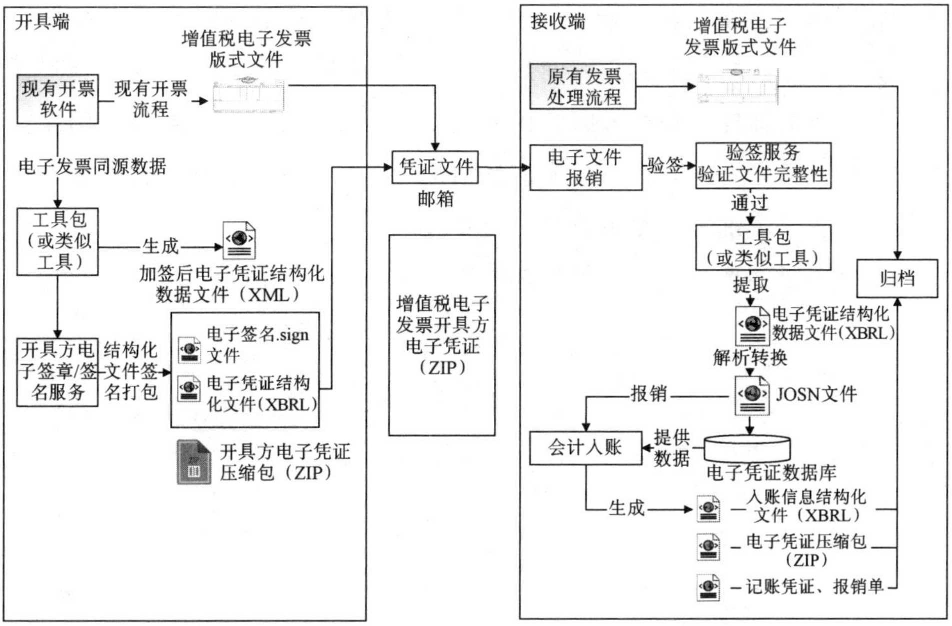

图 4-4　试点电子凭证业务处理总体流程（增值税电子发票）

（四）试点铁路电子客票总体处理流程

铁路电子客票开具端试点单位在旅客乘车结束之后生成铁路电子客票。铁路电子客票开具端试点单位使用工具包将铁路电子客票的结构化数据转换为电子凭证结构化数据文件后，通过版式文件生成服务将电子凭证结构化数据文件封装在电子凭证版式文件中，并使用电子签名技术防止电子凭证信息被篡改。之后，将包含电子签名文件及电子凭证结构化数据文件打包给接收端。铁路电子客票版式文件样式尊重用户阅读习惯，保留铁路特色，在目前纸质报销凭证样式的基础上增加购买方、税额等信息。

铁路电子客票接收端试点单位可通过系统直连、电子邮件、手机短信等方式获取开具端试点单位开具的电子凭证，接收端试点单位需对接收的电子凭证文件进行验签来验证文件完整性，并使用工具包提取和解析内嵌的电子凭证结构化数据文件，然后进行报销、入账等业务处理。根据实际入账情况生成符合电子凭证会计数据标准的会计入账信息结构化数据文件；会计期间结束后，接收端试点单位需按照财政部、国家档案局《会计档案管理办法》（财政部 档案局令第79号）和《财政部 国家档案局关于规范电子会计凭证报销入账归档的通知》（财会〔2020〕6号）的相关要求，将开具方电子凭证、入账信息结构化文件、记账凭证和报销单归档存储，以备财政部门及相关监管部门查验。

铁路电子客票试点业务处理具体流程如图4－5所示。

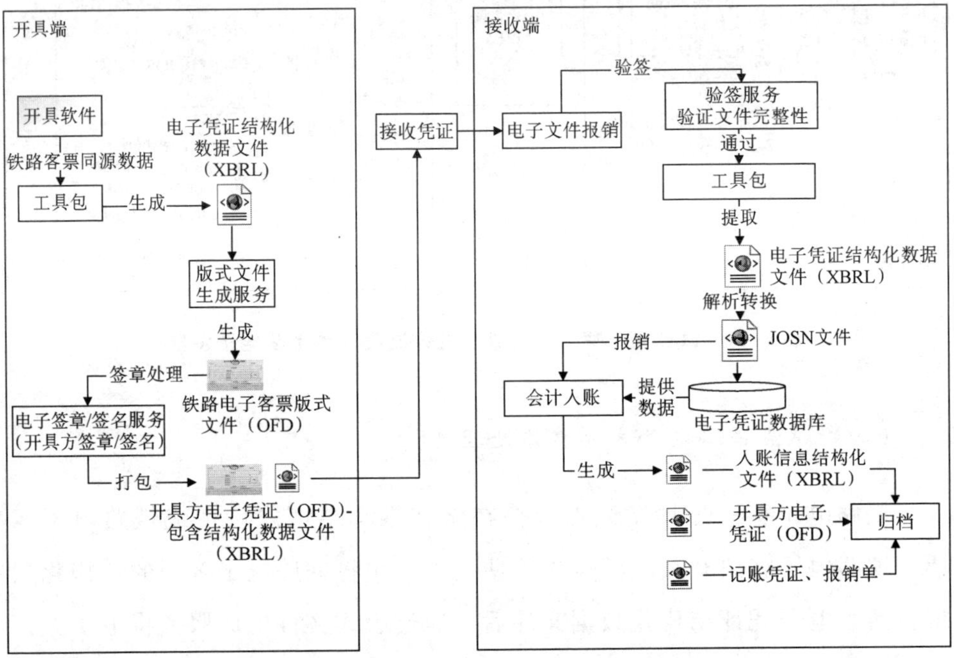

图4－5 试点电子凭证业务处理总体流程（铁路电子客票）

（五）试点航空运输电子客票行程单总体处理流程

航空运输电子客票行程单开具端试点单位应在航空运输完成后，根据接收端试点单位的申请提供电子行程单的开具服务。开具端试点单位使用工具包将电子行程单的结构化数据转换为电子凭证结构化数据文件后，通过版式文件生成服务将电子凭证结构化数据文件封装在电子凭证版式文件中，并使用电子签章/签名技术防止电子凭证信息被篡改。加签后，将包含结构化数据文件的电子凭证交付接收端。电子行程单版式文件样式在版式呈现上包含了纸质行程单所具备的所有信息，同时新增了购买方信息和税额税率，满足接收端试点单位报销、入账和抵扣需要。

航空运输电子客票行程单接收端试点单位可通过电子邮件、系统直连等方式获取开具端试点单位开具的电子凭证，之后进行民航验真或发票验真。同时，接收端试点单位需对接收的电子凭证文件进行验签来验证文件完整性，并使用工具包提取和解析内嵌的电子凭证结构化数据文件，然后进行报销、入账等业务处理。根据电子凭证归档准备生成符合电子凭证会计数据标准的会计入账信息结构化数据文件；会计期间结束后，接收端试点单位需按照财政部、国家档案局《会计档案管理办法》（财政部 档案局令第 79 号）和《财政部 国家档案局关于规范电子会计凭证报销入账归档的通知》（财会〔2020〕6 号）的相关要求，将开具方电子凭证、入账信息结构化文件、记账凭证和报销单归档存储，以备财政部门及相关监管部门查验。

航空运输电子客票行程单试点业务处理具体流程如图 4－6 所示。

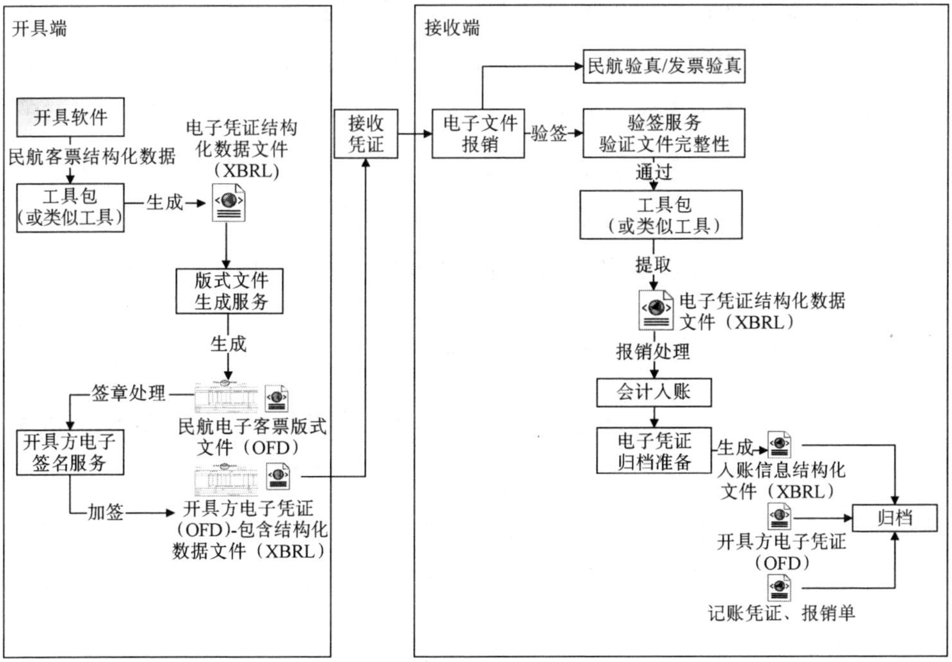

图 4－6 试点电子凭证业务处理总体流程（航空运输电子客票行程单）

（六）试点电子非税收入一般缴款书总体处理流程

电子非税收入一般缴款书开具端试点单位按照《财政部关于稳步推广电子非税收入一般缴款书的通知》（财库〔2021〕46号）的相关要求，生成电子非税收入一般缴款书，开具端试点单位使用工具包将电子非税收入一般缴款书的结构化数据生成电子凭证结构化数据文件后，通过版式文件生成服务将电子凭证结构化数据文件生成非税收入一般缴款书版式文件。加入执收单位的电子签名，然后将包含结构化数据文件的电子凭证给接收端。

电子非税收入一般缴款书接收端试点单位可通过电子邮件、手机短信、系统直连等方式获取开具端试点单位开具的电子凭证，接收端试点单位需对接收的电子凭证文件进行验签来验证文件完整性，使用工具包提取和解析内嵌的电子凭证结构化数据文件，然后进行报销、入账等业务处理。根据电子凭证归档准备生成符合电子凭证会计数据标准的会计入账信息结构化数据文件；会计期间结束后，接收端试点单位需按照财政部、国家档案局《会计档案管理办法》（财政部 档案局令第79号）和《财政部 国家档案局关于规范电子会计凭证报销入账归档的通知》（财会〔2020〕6号）的相关要求，将开具方电子凭证、入账信息结构化文件、记账凭证和报销单归档存储，以备财政部门及相关监管部门查验。

电子非税收入一般缴款书试点业务处理具体流程如图4-7所示。

（七）试点银行电子回单总体处理流程

银行电子回单开具端试点单位使用工具包将银行电子回单结构化数据转换为电子凭证结构化数据文件后，通过版式文件生成服务将电子凭证结构化数据文件生成银行回单版式文件。加入执收单位电子签章/签名技术防止电子凭证信息被篡改，然后打包包含结构数据文件的开具方电子凭证给接收端。

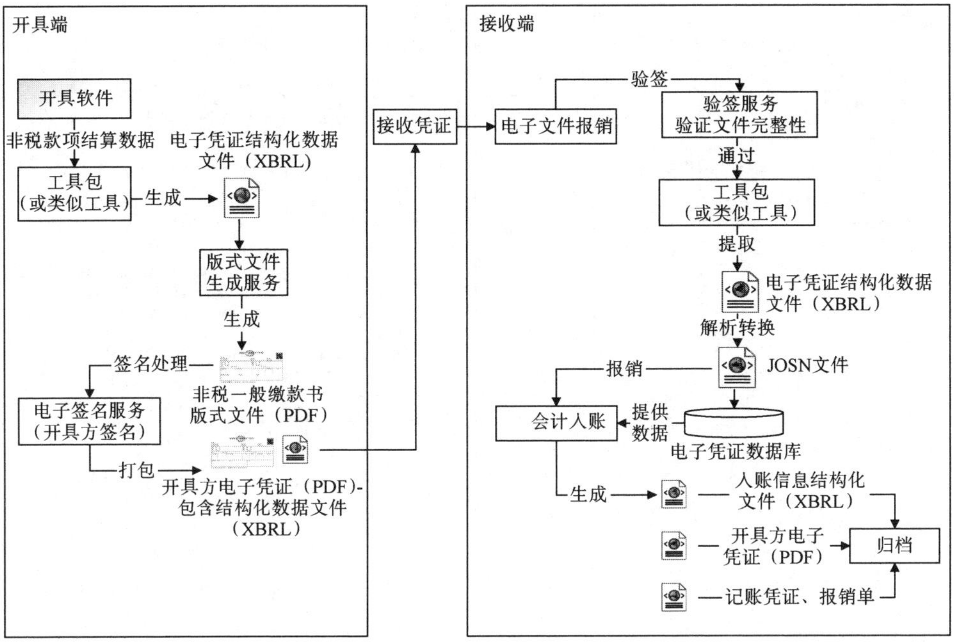

图 4－7　试点电子凭证业务处理总体流程（电子非税收入一般缴款书）

银行电子回单接收端试点单位可通过电子邮件、手机短信、系统直连等方式获取开具端试点单位开具的电子凭证，接收端试点单位需对接收的电子凭证文件进行验签来验证文件完整性，并使用工具包提取和解析内嵌的电子凭证结构化数据文件，然后匹配收付款单，进行报销、入账等业务处理，并生成符合电子凭证会计数据标准的会计入账信息结构化数据文件；会计期间结束后，接收端试点单位需按照财政部、国家档案局《会计档案管理办法》（财政部 档案局令第 79 号）和《财政部 国家档案局关于规范电子会计凭证报销入账归档的通知》（财会〔2020〕6 号）的相关要求，将开具方电子凭证、入账信息结构化文件、记账凭证和报销单归档存储，以备财政部门及相关监管部门查验。

银行电子回单试点业务处理具体流程如图 4－8 所示。

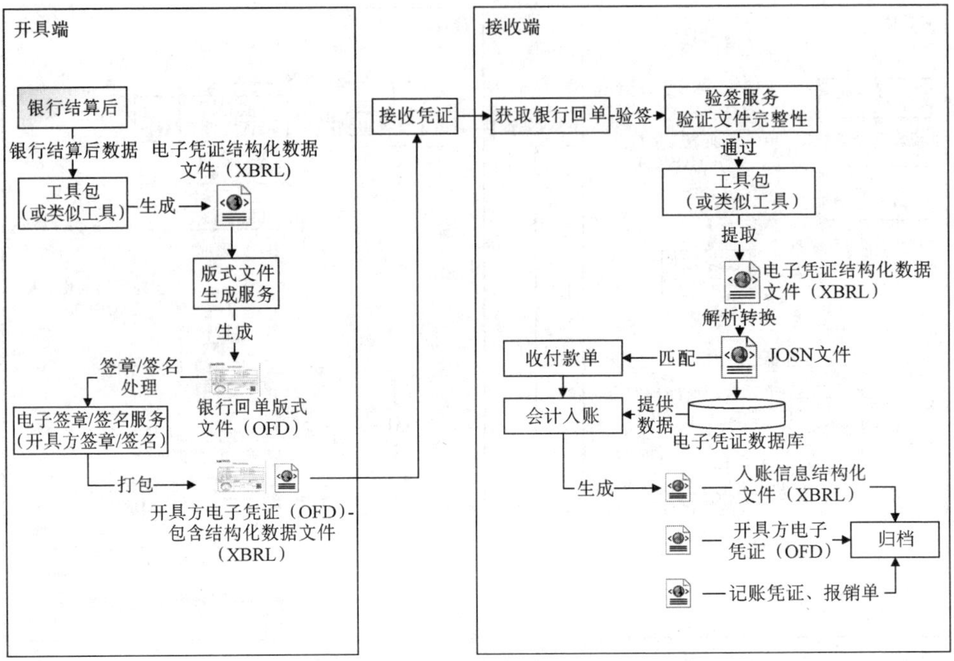

图 4-8 试点电子凭证业务处理总体流程（银行电子回单）

（八）试点银行电子对账单总体处理流程

银行电子对账单开具端试点单位使用工具包将银行电子对账单结构化数据转换为电子凭证结构化数据文件后，通过版式文件生成服务将电子凭证结构化数据文件生成银行对账单版式文件，并使用电子签章/签名处理防止电子凭证信息被篡改，然后打包包含结构数据文件的开具方电子凭证给接收端。

银行电子对账单接收端试点单位可通过电子邮件、手机短信、系统直连等方式获取开具端试点单位开具的电子凭证，接收端试点单位需对接收的电子凭证文件进行验签来验证文件完整性，并使用工具包提取和解析内嵌的电子凭证结构化数据文件，然后通过银行对账、余额调节表等进行业务处理。根据电子凭证归档准备生成符合电子凭证会计数据标准的会计入账信息结构化数据文件；会计期间结束后，接收端试点单位需按照财政部、国家档案局《会计档案管理办法》（财政部 档案局令第

79号）和《关于规范电子会计凭证报销入账归档的通知》（财会〔2020〕6号）的相关要求，将开具方电子凭证、入账信息结构化文件、余额调节表归档存储，以备财政部门及相关监管部门查验。

银行电子对账单试点业务处理具体流程如图4－9所示。

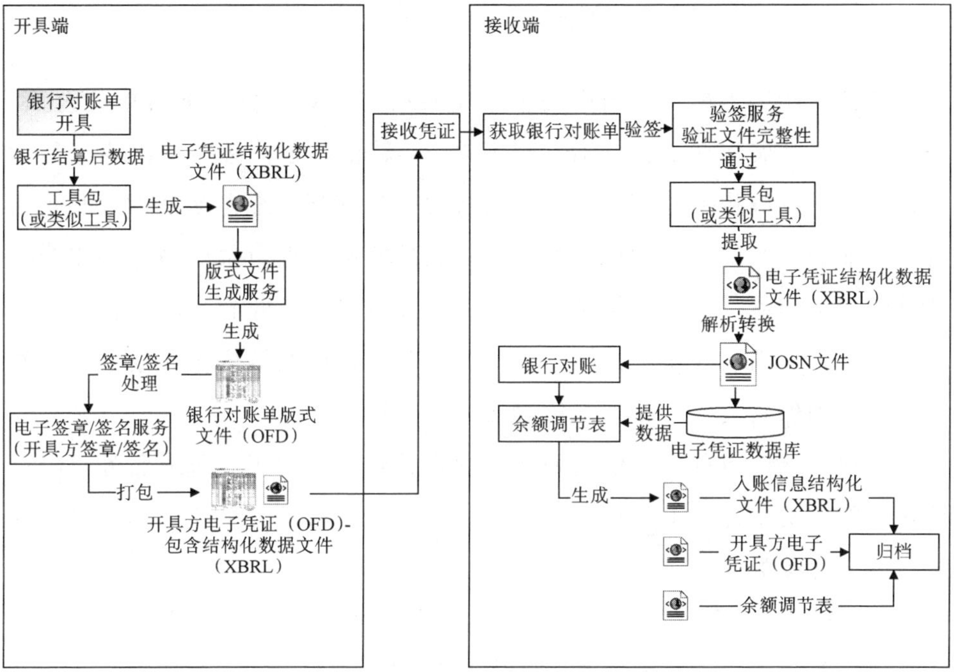

图4－9　试点电子凭证业务处理总体流程（银行电子对账单）

三、电子凭证会计数据标准试点参与单位的要求

（一）开具端试点单位要求

数电票（不含铁路电子客票、航空运输电子客票行程单）和财政电子票据（不含电子非税收入一般缴款书）的开具端试点单位应当按照要求开具（交付）符合相关主管部门有关业务规范的电子凭证；增值税电子普通发票、增值税电子专用发票、数电票（铁路电子客票）、数电票

（航空运输电子客票行程单）、电子非税收入一般缴款书、银行电子回单和银行电子对账单的开具端试点单位应当按照要求开具（交付）符合相关主管部门有关业务规范和标准的电子凭证。各开具端试点单位应当遵循方便、高效经济的原则开具（交付）电子凭证。

（二）接收端试点单位要求

各接收端试点单位应当推动本单位及所有具备条件的下属单位全面、深入、充分开展深化试点工作，按照标准及相关技术规范对软件进行配置，接收、解析相关电子凭证，以支持其会计核算系统自动处理，并生成符合标准的入账信息结构化数据文件。各接收端试点单位应当通过完善会计软件验证功能、建立比对机制等方式，对本单位接收到的电子凭证在接收、解析、报销、入账、归档等每个处理环节使用的结构化数据进行全要素验证，确保其真实可靠和未被篡改。

各接收端试点单位可借助财政部提供的免费开源工具包或服务保障单位提供的免费个性化工具包对其会计信息系统进行配置，使其具备接收和解析电子凭证的能力。

各接收端试点单位接收的来源合法、真实的电子凭证，与纸质会计凭证具有同等法律效力。接收端试点单位按照《会计档案管理办法》（财政部 档案局令第79号）和《财政部 国家档案局关于规范电子会计凭证报销入账归档的通知》（财会〔2020〕6号）规定保存接收的电子凭证。

四、深化试点验收要求

根据财政部《关于开展电子凭证会计数据标准深化试点验证工作的通知》，电子凭证会计数据标准深化试点接收端单位（含下属单位）通过会计数据标准验证子系统上传深化试点期间接收并处理的电子凭证（电子源文件）、全流程处理验证文件以及生成的入账信息结构化数据文件（XBRL文件）。在接收并处理的每类电子凭证中，可仅上传其中1张电子凭证，作为电子凭证会计数据全流程处理的相关验证文件。

（一）全流程处理验证文件

接收端单位保存的全流程处理验证文件包含电子凭证采集、验签、解析、报销、入账、归档等环节的全路径处理说明或日志。各环节的功能情况说明以截图形式上传到会计数据标准验证子系统的，应在截图中体现票据的唯一标识（如发票号码）、并与验证文件中的唯一标识一一对应。全流程处理验证文件如图 4 – 10 至图 4 – 15 所示。

图 4 – 10　凭证采集

图 4 – 11　凭证验签

图 4－12 凭证解析

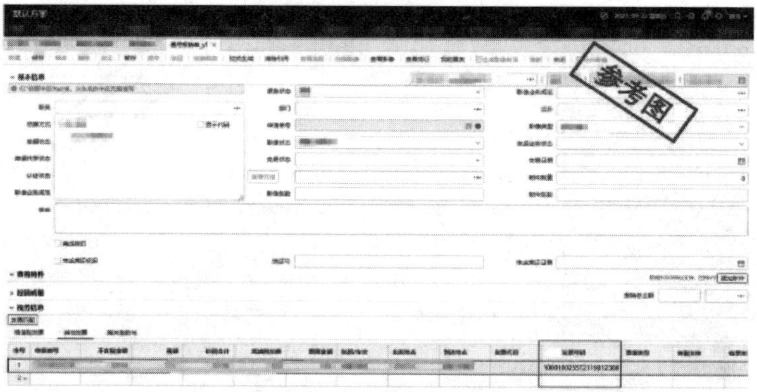

图 4－13 凭证报销

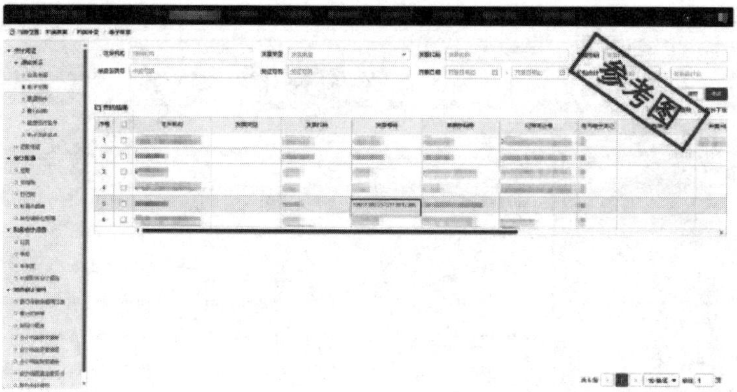

图 4－14 凭证入账

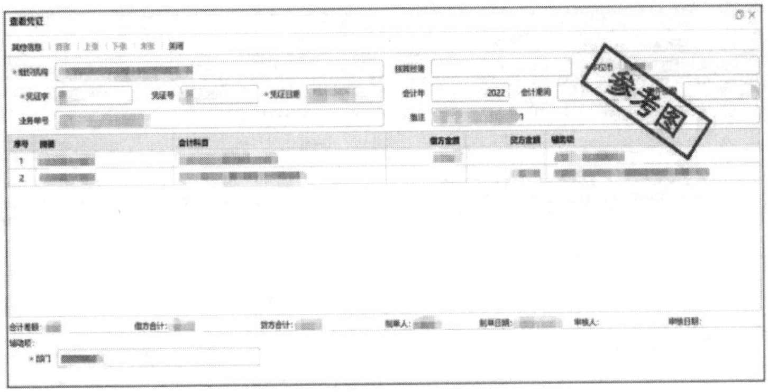

图 4－15　凭证归档

（二）电子凭证原文件及入账信息结构化文件

接收端单位在上传电子凭证全流程验证文件的同时，还需上传接收的电子凭证原文件及对应生成的入账信息结构化数据文件 XBRL，以进行标准合规性验证。

原文件及入账信息结构化文件应按照标准实例结构或格式进行文件封装。共包括三层文件结构，其中，第一层、第二层为 ZIP 文件，第三层为 XML 文件。文件形式可参考图 4－16 至图 4－19。

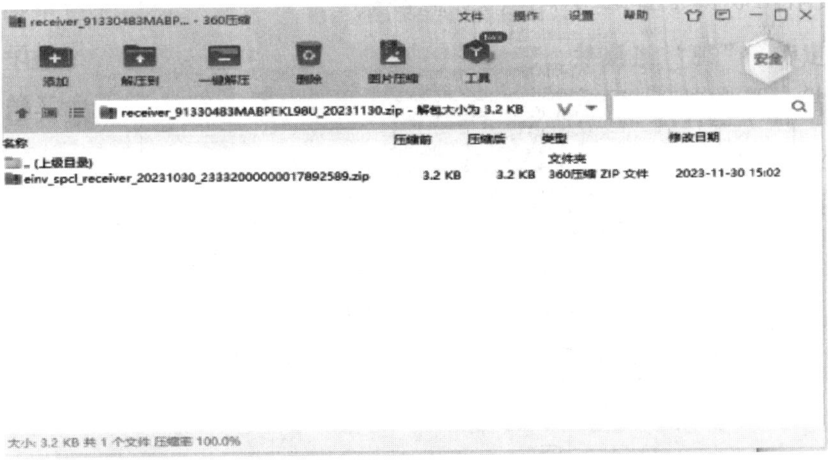

图 4－16　第一层文件

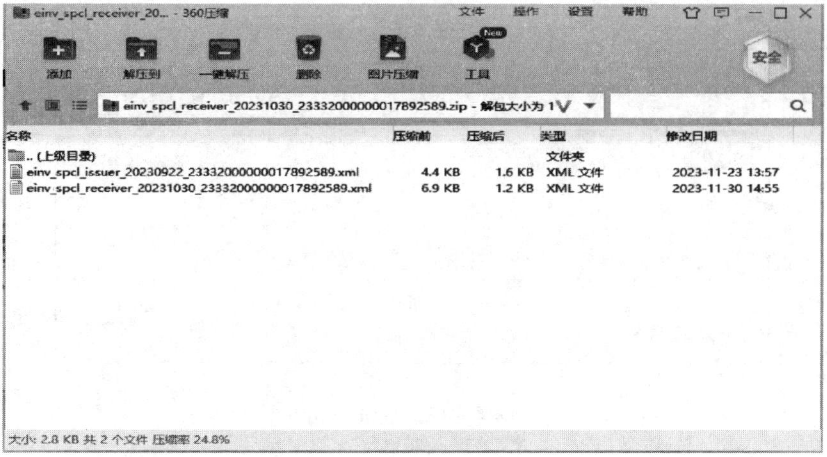

图 4－17　第二层文件

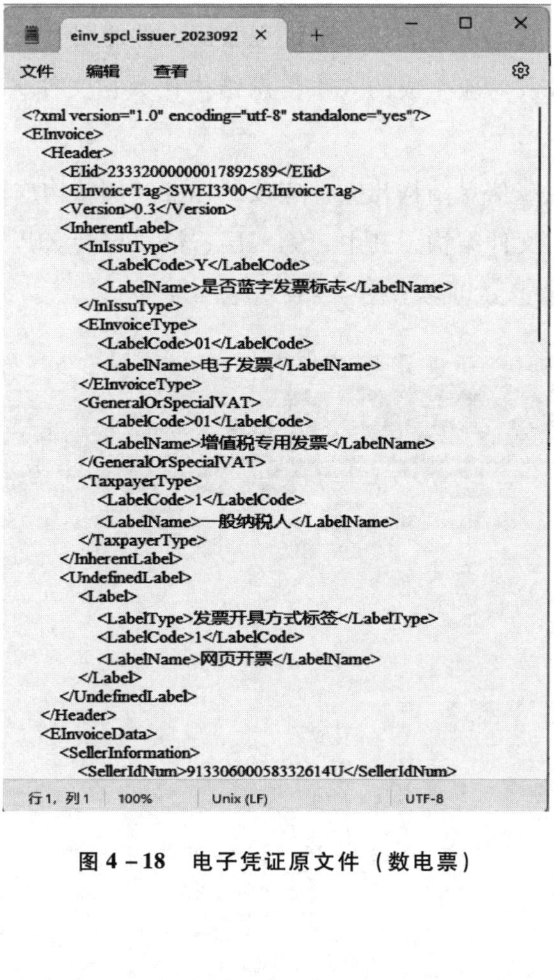

图 4－18　电子凭证原文件（数电票）

图 4－19　入账信息结构化文件（XBRL）

五、电子凭证会计数据标准试点目标

电子凭证会计数据标准，旨在打通电子凭证报销入账归档“最后一公里”，推动电子凭证从开具、接收到处理、归档等各环节全流程标准化无纸化处理，解决电子凭证“接收难、入账难、归档难”问题。电子凭证会计数据标准深化试点围绕“试数据标准、试技术路线、试推广路径”的工作目标，遵循“有序扩围，稳中求进”的原则，有序扩大试点电子凭证的种类和开具范围，稳步扩大接收端试点单位范围，进一步优化完善技术路线，建立健全配套制度，加强平台能力建设，探索行之有效的推广方案，为下一步标准的全面推广奠定基础。

第二节 XBRL 应用对电子凭证会计数据标准试点的影响

XBRL 的全称是 eXtensible Business Reporting Language（可扩展商业报告语言）。XBRL 国际组织对 XBRL 的定义是：基于 XML（可扩展标记语言，eXtensible Markup Language），在企业之间和企业内部进行电子数据交换的标准。在 XML 下，识别标签应用于数据项，以便计算机软件能够有效地处理（XBRL is a member of the family of languages based on XML，or Extensible Markup Language，which is a standard for the electronic exchange of data between businesses and on the inter Under XML，identifying tags are applied to items of data so that they can be processed efficiently by puter software.）。

基于 XML，XBRL 可以广泛应用于财务报告信息交换，是目前应用于非结构化信息处理尤其是财务信息处理的最新标准和技术。它对财务数据进行特定的识别和分类，并对财务信息提供更加强大的解释和分析平台。除了不断提高商业报告的透明度，XBRL 在财务报告的使用通过加强计算机系统之间数据流的控制进一步提高了数据的安全性。

XBRL 从诞生以来就一直处于一个不断发展完善的过程，对电子凭证会计数据标准化以及企业财务转型具有重要意义。当前 XBRL 存在三个重要的发展动向，分别是与财务报告准则的结合、全球通用账簿以及审计应用。

一、XBRL 技术在财务报告准则制定中的应用

（一）XBRL 技术在全球财务报告准则制定中的应用

在全球化趋势日益显著的今天，对财务信息可比性的要求已经不仅限

于一个国家，而是成为一个全球范围内的共同需求，在这样的背景下，国际财务报告准则应运而生，各国纷纷变迁本国准则，同国际财务报告准则趋同。

为促进和保障国际财务报告准则（IFRS）在全球范围得到一致采用，国际会计准则委员会基金会（IASCF）于2002年启动了IFRS分类标准制定工作，并于2005年正式组建XBRL团队。首份国际财务报告准则分类标准征求意见稿于2002年11月发布，以2002版国际财务报告准则合订本为基础。2008年3月1日，IASCF发布了IFRS分类标准2008，从这套分类标准开始，IASCF开始建立了分类标准制定与准则制定工作协调进行的模式：每年新IFRS发布后，XBRL团队立即启动相关分类标准开发工作，至第二年新版IFRS合订本发布后，与之配套的分类标准也紧随其后发布。IFRS分类标准在采用IFRS的国家中得到广泛采用。这些国家包括新加坡、丹麦、韩国、日本、以色列、澳大利亚、荷兰、智利、南非、西班牙、英国、阿联酋，每年创建的XBRL财务报告超过百万份。

（二）XBRL技术在中国财务报告准则制定中的应用

中国XBRL的应用经历了证券监管应用和通用分类标准实施两个阶段。

1. 证券监管应用

2002年5月，中国证监会在研究上市公司电子化信息披露问题时，将XBRL选定为电子化披露的格式标准。

2004年，上海证券交易所选择了50家沪市上市公司开展2003年度报告摘要XBRL格式报送试点。目前，沪市所有上市公司季报、中报、年报摘要和全文报送都采用XBRL。通过该所网站（http://listxbrl.sse.com.cn/ssexbrl），公众可查阅报告全文，进行同行业公司财务数据横向比较分析。

深圳证券交易所于2005年1月实现深市全部上市公司利用XBRL制作年度报告。该所建立的“XBRL上市公司信息服务平台”（http://

xbrl. cninfo. com. cn）提供深市上市公司定期报告数据的展示，财务数据的横向、纵向比较分析和部分公司实例文档下载。

2008 年 1 月，中国证监会启动了基金信息披露 XBRL 项目。目前，所有基金管理公司管理的基金都已实现了从净值日报到季报、半年报和年报报送的 XBRL 化。证监会还建立了基金信息披露网站（http：//fund. csrc. gov. cn)，专门用于 XBRL 格式基金信息发布。

2. 通用分类标准实施

2008 年 11 月，财政部牵头组织银监会、证监会、保监会、国资委、审计署、人民银行、税务总局等部门联合成立了会计信息化委员会和 XBRL 中国地区组织，开启了部门协作推进 XBRL 应用实施的新阶段。为普及 XBRL 知识，推动相关应用并向外界宣传中国 XBRL 实施成果和发展动态，中国地区组织开设了官方网站（http：//www. xbrl - cn. org)。

2010 年 10 月，财政部发布了企业会计准则通用分类标准，国家标准化管理委员会同时发布了财政部组织制定的 XBRL 技术规范系列国家标准。两项标准的制定发布，标志着 XBRL 在我国的各项应用有了统一的架构和规范。自 2011 年起，财政部组织开展了通用分类标准实施工作，参与实施的企业采用 XBRL 编制并向财政部报送年度财务报告。

同时，其他监管部门通用分类标准的应用工作逐步展开。银监会制定了银行监管报表扩展分类标准，于 2011 年 12 月发布。国资委也已启动央企财务监管报表扩展分类标准制定工作。监管扩展分类标准的制定，标志着各部门向协同开展 XBRL 应用迈进。

二、XBRL 全球通用账簿的出现和应用

XBRL GL（Global Ledger，全球账簿）是 XBRL 国际组织制定的一套分类标准。与其他分类标准不同的是，该分类标准不是用于外部报告，而是着眼于内部，用于描述凭证、账簿等明细的财务和非财务信息，是各单位将 XBRL 用于会计核算、财务管理以及其他领域信息化所使用的分类标

准。应用 XBRL GL 的好处在于，从最初的凭证到最终的内外部报告各层次数据都可以采用一致的数据格式，从而为报告与其背后的明细数据建立起可追溯渠道，为报告的深度挖掘分析提供支撑；同时，由于 XBRL GL 深入内部，可以用作不同应用系统间数据交换的中介（统一数据字典），解决不同业务系统间的互联互通问题；另外，XBRL GL 实现了对会计信息系统全面的 XBRL 化，通过 XBRL GL 可以将 XBRL 的便利性从财务会计扩展到管理会计。

（一）XBRL 全球通用账簿的出现

XBRL 国际组织于 2002 年 4 月发布了 XBRL 总准 1.0，主要适用于美国会计准则下的总分类账系统。日本 Wacoal 公司是世界范围内第一个应用 XBRL GL 改善其信息技术系统的企业，通过 XBRL GL 一种无缝的信息流将各个分散的系统联接在一起，改善了公司经营决策信息质量。2007 年 4 月，XBRL 国际组织发布了 XBRL 账簿分类标准 2007 版本。其中 G 的含义进一步扩展到“全球通用账簿”（Global Ledger）的层次，从总分类账的概念进化到全球通用的概念。Roohani et al. （2009）详细分析了以 XBRL GL 技术为基础在富士通公司的公司治理模式，研究发现，XBRL GL 能够改善财务报告供应链中的信息透明度和监控能力，能够便利公司治理的有关信息和报告在组织内部和外部的传递，实现一个点对点的信息传递方式。

（二）XBRL 全球通用账簿在中国的应用

中国石油天然气集团公司（以下简称“中石油”）是中国应用 XBRL GL 的代表之一。2000 年，中石油在美国纽约、中国上海市和香港特别行政区三地上市。由于美国 XBRL 技术起源早、发展快，监管机构要求使用 XBRL 报送财务报告，因此中石油的财务人员很早就对 XBRL 这种商业报告语言产生兴趣，并积极推动我国 XBRL 技术的应用及发展。2017 年，中石油的子公司中石油湖北公司启动“XBRL 大数据”项目，该项目就充分利用了 XBRL GL 技术。通过梳理公司销售 ERP 系统、油库管理系统、加油站管理系统等，归纳成财务管理、批发业务、仓储业务、零售业务、综合业务、调运业务六大类别以及 21 个系统，利用 XBRL 跨平台的特点整合所有系统，建立一个 XBRL 平台。并运用 XBRL 技术特有的标记功能对其业务和数据信息进行标记，使该平台内 XBRL 数据信息更加统一标准化。

XBRL 大数据项目实施之后，为中石油带来显著的效益。首先，显著提高了公司经营管理的效率。以往受公司内部多个独立系统之间的限制，获取加油站的财务状况或是运营信息，通常需要一两天才能对信息完成整合和汇总，现在由于 XBRL 平台内数据的标准化，十几分钟就可以获取湖北 775 座加油站的库存、销售等综合性报表，有效提高了公司经营管理的效率。其次，方便公司海量业务与数据的储存与处理。项目建立的 XBRL 平台使公司的 21 个系统得到统一，使各系统内的数据得以融合，设立多维度指标体系，从 341 张内部财务报表共计 15000 多个报表项目中，对业务及数据定义了 2000 多项指标并设立了 23 个维度，使数据更加一致和精细，利用 XBRL 数据多维度的特点，以面向对象的数据存储方式进行数据处理，使公司存储及处理数据更加便捷。最后，方便普通用户查阅并使用数据。XBRL 分类标准就是通过对业务或数据进行标记，转化成普通用户即使不理解 XBRL 技术也能看得懂的语言。系统中的用户端简单直接，用户只需使用 Excel 插件和函数就可以进行指标的选定和报表的分析。同时，该系统具有 Web 图形分析的功能，使公司的中高层用户可以直接使用大数据分析预测的结果，十分便捷。

2023 年 4 月，九部门印发电子凭证会计数据标准深化试点的通知后，研究制定了九类电子凭证会计数据标准。每一类电子凭证会计数据标准（试行版）为电子文件包形式，包含指南、元素清单、实例文档三项配套说明性文件，其中元素清单规定了每一个项目的标签及数据来源。数电票元素清单如图 4 – 20 所示。

ELR	命名空间前缀	元素名称	数据类型	中文标准标签	英文标准标签	中文展示标签
100801 - Document - Electronic invoice (ordinary VAT invoice)（全面数字化的电子发票（增值税普通发票））						
	einv	ReceiverInformationOfElectronicInvoiceOrdinaryVatInvoiceAbstract		电子普通发票接收方信息 [abstract]	Receiver information of Electronic invoice (ordinary VAT invoi	电子普通发票接收方信息 [abstract]
	einv	InformationOfEinvoiceAbstract		电子发票信息 [abstract]	Information of einvoice [abstract]	电子发票信息 [abstract]
	einv	InvoiceNumber	text	发票号码	Number of einvoice	发票号码
	einv	SellerName	text	销售方名称	Name of seller	销售方名称
	einv	SellerIdNum	text	销售方纳税人识别号	Taxpayer identification number of seller	销售方纳税人识别号（统一社会信用代码）
	einv	TotalAmWithoutTax	X	不含税金额合计	Total amount without tax	不含税金额合计
	einv	TotalTaxAm	X	合计税额	Total tax amount	合计税额
	einv	TotalTax-includedAmount	X	价税合计（小写）	Tax included amount in figures	价税合计（小写）
	einv	RequestTime	yyyy-mm-dd	开票日期	Date of issue	开票日期
	einv	EinvoiceStatusAbstract		电子发票状态 [abstract]	Einvoice status [abstract]	电子发票状态 [abstract]
	einv	RelatedBusinessInformationAbstract		相关业务信息 [abstract]	Related business information [abstract]	相关业务信息 [abstract]
	einv	ContractNumber	text	合同编号	Contract number	合同编号
	einv	MatchingStateBetweenBusinessDocumentsAndVatE	text	业务单据与电子发票的匹配状态	Matching state between business documents and VAT e	业务单据与电子发票的匹配状态
	einv	DepreciationMethodsOfFixedAssetsAndAmortizatior	text	固定资产、无形资产折旧摊销方法	Depreciation methods of fixed assets and amortization n	固定资产、无形资产折旧摊销方法
	einv	WhetherEinvoiceHasBeenFactoredSoldOrSecuritized	Y/N	是否已做保理、出售或资产证券化	Whether einvoice has been factored, sold or securitized	是否已做保理、出售或资产证券化
	einv	WhetherEinvoiceIsRedEinvoice	Y/N	是否红字发票	Whether einvoice is red einvoice	是否红字发票
	einv	WhetherEinvoiceHasBeenChecked	Y/N	是否已验真	Whether einvoice has been checked	是否已验真
	einv	WhetherEinvoiceHasBeenBooked	Y/N	是否已入账	Whether einvoice has been booked	是否已入账
	einv	PaymentInformationAbstract		付款信息 [abstract]	Payment information [abstract]	付款信息 [abstract]
	einv	WhetherEinvoiceHasBeenPaid	Y/N	是否已付款	Whether einvoice has been paid	是否已付款
	einv	NumberOfBankElectronicReceipt	text	银行回单编号	Number of bank electronic receipt	银行回单编号
	einv	AccountingEntityInformationAbstract		会计主体信息 [abstract]	Accounting entity information [abstract]	会计主体信息 [abstract]
	einv	UnifiedSocialCreditCodeOfAccountingEntity	text	会计主体统一社会信用代码	Unified social credit code of accounting entity	统一社会信用代码
	einv	NameOfAccountingEntity	text	会计主体名称	Name of accounting entity	名称
	einv	BasicAccountingInformationAbstract		基础会计信息 [abstract]	Basic accounting information [abstract]	基础会计信息 [abstract]
	einv	InformationOfAccountingDocumentsTuple		记账凭证信息 [tuple]	Information of accounting documents [tuple]	记账凭证信息 [tuple]
	einv	NumberOfAccountingDocuments	text	记账凭证编号	Number of accounting documents	记账凭证编号
	einv	PostingDate	yyyy-mm-dd	记账日期	Posting date	记账日期
	einv	AccountingPeriod	yyyy-mm	会计期间	Accounting period	会计期间
	einv	SummaryOfAccountingDocuments	text	记账凭证摘要	Summary of accounting documents	记账凭证摘要
	einv	InformationOfDebitAndCreditEntryTuple		借贷方会计信息 [tuple]	Information of debit and credit entry [tuple]	借贷方会计信息 [tuple]
	einv	DebitOrCredit	text	借贷方向	Debit or credit	借贷方向

图 4－20　数电票元素清单部分示例

总的来说，XBRL 与国际财务报告准则的结合以及 XBRL 全球通用账簿的出现都说明 XBRL 的发展方向是全球化视角下的、贯穿整个会计信息系统的标准化、统一化，最大程度地提高会计信息质量。

三、XBRL 技术对持续审计的影响

数字技术深刻改变了人们的生产方式、生活方式和社会治理方式，也推进了审计环境、审计对象和审计手段实现创新。持续审计是在传统审计工作的基础上，融合实时审计、计算机辅助审计、联网审计、非现场审计等模式衍生出的一种新的审计模式。XBRL 的出现为持续审计提供了有力的技术支持，使持续审计的普及应用成为可能。XBRL 环境下持续审计由 XBRL GL 和持续审计两种技术共同构成，是一种实时鉴证的事中审计方式。

（一）在审计中引入 XBRL 全球通用账簿的必要性

与传统公司财务处理时效不同，ERP 系统可以更快捷地提升公司财务在信息整合、集中储存和报告生成方面的一体化效率。但对于组织结构和经营内容复杂的集团大公司来说，因其涉及的地域广阔，将不得不面对

不同的信息储存格式以及不同国家、不同区域会计准则规定的差异，这些差异会导致集团公司在编制合并报表时耗费大量的时间和人力成本在数据获取和转换上，并且转换中还极易发生数据丢失、乱码等问题。但运用 XBRL GL 技术，可以有效解决上述 ERP 软件中系统不兼容问题，让系统数据传输更加便捷，同时，还提高了集团公司财务数据的交流频率。

XBRL GL 在企业分类账明细层面对企业日常交易的信息制定了统一规范标识，例如，对企业会计分录中的科目代码、金额、摘要、借贷方向等分别赋予相应的标记，使企业信息系统能够实现数据的无缝对接。

XBRL GL 能够保留企业所有业务从开始发生到最后报告生成的全部痕迹，且这些印记不可人为修改，以确保企业所有业务数据的准确性和可追溯性，即企业任何业务数据均可追溯到过去发生的原点，追踪到信息源头。如果企业会计数据的源头和去向都很清晰明了，那么责任也随之明确，这样就能有效实现数据管控。

会计师事务所常常与各种各样的公司签订审计协议，又通常会因为不同公司采用不一样的数据格式而无法使用通用软件进行审计，但如果设置了 XBRL GL 转化模块，经过格式转换，审计人员就可以不再为不同的被审计公司设计专门的审计软件，不仅节省了审计成本，也提高了审计效率。所以，在审计工作中引入 XBRL GL 工具变得非常必要。

（二）基于 XBRL 全球通用账簿的持续审计实施框架

对公司实施持续审计可以达到对公司业务的监控更加细致完善的目的。在 XBRL 环境下进行持续审计，是利用 XBRL GL 技术分类标准，标记公司全流程的财务信息，实现不论是内部的审计人员还是外部的审计人员都可以通过系统随时查看财务数据从源头交易层面的明细到最后报表层面的整体概念。

经过 XBRL GL 对数据进行分类、转换、整理，系统实现自动筛选，为审计人员提供更为全面完整的审计数据，也方便审计专家系统通过 XBRL GL 标记的实例文档进行后续的实时自动审计。XBRL GL 持续审计流程框架如图 4－21 所示。

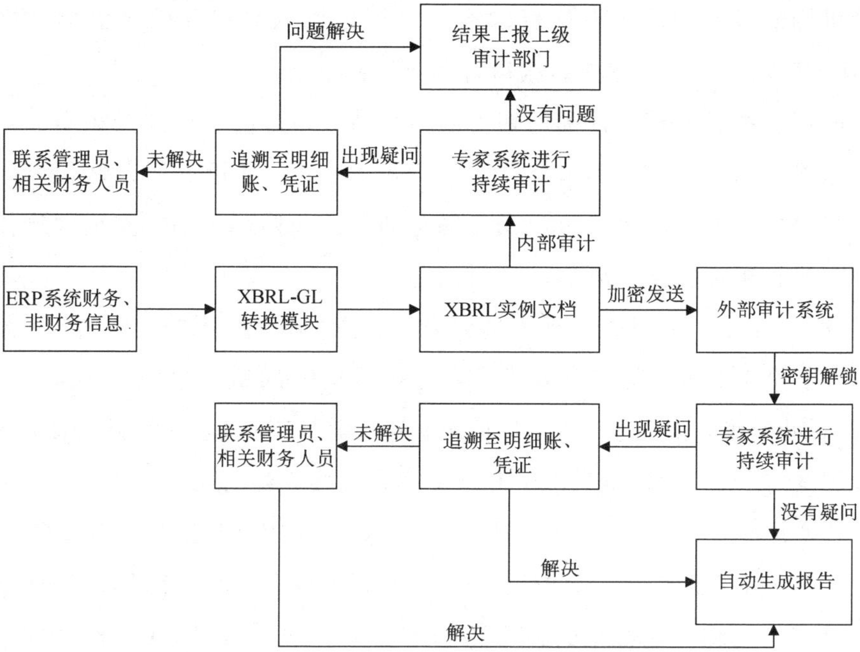

图 4-21 基于 XBRL GL 的持续审计流程框架

在公司的 ERP 系统中嵌入 XBRL GL 转换模块，将 ERP 各子系统的 Excel、Word 等格式的报表数据自动转换为 XBRL 格式文档。既可以保证原有 ERP 系统的大部分功能不变，同时还可以降低公司系统技术升级改造的成本，实现数据的自动转换，不仅将审计范围实现从业务源头到最后的财务数据的全覆盖，还可以使持续审计向持续监控靠近，向业务员提供产品的后勤信息，向决策者提供战略和战术层次的信息。除此之外，转换过的财务数据加密后可以直接发送给审计机构系统，外部审计机构只要确定该系统的控制良好、逻辑正确，便可以增加非现场审计的比重，减少大量人工操作，提高审计的质效。

外部审计机构在其内部系统中也同步使用 XBRL GL 转换模块，使其审计系统能够自动导入和识别被审计单位系统传输过来的 XBRL GL 数据，实现与传送过来的被审计单位数据的无缝对接。不再需要根据具体公司进行独特的数据设定，单独再添加不同的识别模块，从而减少了前期审计数据、资料收集和整理时间。公司会计信息系统中的 XBRL GL 数据传输到审计机构的系统中后，审计机构可以将解密后的数据存储在机构内部的XBRL GL数据库中，方便后续审计需要时再次查看。

同理，各级内部审计部门在开展内部持续审计时，也同样在本公司的ERP系统中嵌入使用XBRL GL转换模块，通过计算机进行自动识别、审计。只是内审部门间上下级数据传输是通过企业内网传输，安全性比传输给外审机构更加安全、可靠、及时。

通过运用持续审计，审计人员加强了对公司财务状况的实时监控，根据经营者不同需要和风险管理要求，实时生成所需的审计报告。在这种嵌入XBRL的审计模式下，审计人员即使没有深入学习和了解公司会计信息系统的具体数据结构，也可以通过XBRL技术将直接接收到的被审计公司数据进行自动转换，也可以获得所需审计证据，大大缩短了审计数据及资料收集流程，方便了审计人员的工作，从而达到减少审计机构成本、提高审计效率的目的。

外审机构将传输过来的公司数据解密后，嵌有XBRL GL技术的审计系统会先自动对公司的这些财务数据按会计流程重新运转一遍，以检查是否与公司按正常流程运转得到的结果存在差别。如果发现异常，审计人员再追溯至数据源头，查看业务发生当时的具体交易明细账和记账凭证，然后根据审计需求扩展为任意类型的审计线索。同时，根据异常审计线索，在XBRL GL分类标准中添加新的审计相关的专用元素，使审计结果更加准确，容易得到确认，自动生成并对外报送XBRL格式的审计报告，完成符合外部监管的审计报告，使ERP系统与外部监管对接要求更加顺畅。

第三节　电子凭证会计数据标准试点对企业财税数字化转型的影响

一、电子凭证会计数据标准试点对各单位财务转型带来的机遇

电子凭证会计数据标准（试行版），对电子凭证会计数据化进行了全

面规范。电子凭证数据的获取、流转、存档不以纸张为介质，而是以“结构化数据文件 + 版式文件封装 + 电子签名”的格式作为合法有效凭证，具有法律效力。为指导标准的试行实施，同时发布的电子凭证会计数据标准深化试点操作指南、技术问答及工具包，从深化试点总体安排、总体流程和要求，对电子凭证开具、接收、解析、处理、归档等各环节标准化、无纸化处理进行了详细说明，为电子凭证会计数据标准试行提供了路径指引与技术指导。电子凭证会计数据标准的发布实施，是会计工作的重大变革，会计凭证从开具、接收到处理、归档等各环节，进行全流程数字化管理，规定所有凭证采用数电票模式，实现了无纸化处理，提升了会计数据的质量和时效性，有效解决了凭证手工录入失误、丢失篡改造假的弊端，大幅提高了会计工作效率，有效降低了凭证档案管理成本，确保凭证储存消耗转化成为数据资产，促进了管理变革与价值创造。电子凭证会计数据标准的实施，将对财务流程、业务流程产生深远影响，推动业务流程和制度更新优化，全面实现数字化转型。

电子凭证会计数据标准的发布试行，既是会计技术方法的重大变革，也是会计管理模式的改革创新。电子凭证贯穿财务流程、业务流程和管理流程，对数字化程度提出了更高要求。如何有效确保电子凭证的落地使用，是会计行业面临的新形势、新任务与新挑战。

首先，要充分认识电子凭证会计数据标准化的重大意义，从建设数字化社会的高度投入改革；其次，要做好信息系统的升级改造。全面推广电子凭证会计数据标准化，需要信息系统具备自动接收、解析、保存等功能。企事业单位应结合实际，做好信息系统更新改造工作。信息化程度高的企事业单位，可与金融、税务、财政等建立直连通道，开发电子凭证管理系统，实现电子凭证数据在线获取、智能应用、统一存储、集中管理。信息化程度低的企事业单位，可以通过公共系统使用财政部提供的工具包进行电子凭证处理；再次，建立制度规范与再造流程管理。企事业单位应按标准的要求，建立相应的内部制度，加强电子凭证管理，再造管理流程，以适用电子凭证管理新要求；最后，要提高会计人员的技术能力与管理水平，为电子凭证会计数据化管理提供人才保障与智力支撑。

二、电子凭证会计数据标准试点对各单位财务转型的挑战

（一）格式和数据标准不统一

从外部获取的电子会计凭证在类别和来源上存在差异，凭证格式和数据标准也不统一。由于电子会计凭证外部生成系统和内部会计信息系统的数据标准不同，外部电子会计凭证无法直接传输到会计信息系统。电子会计凭证格式和数据标准不统一，不利于各单位对电子会计凭证从输入端到输出端的会计工作各环节进行统一管理，电子会计凭证的真实性和完整性也无法得到保证。

（二）原件管理不规范

根据档案管理的相关规定，电子会计凭证原件也应得到规范保存管理。部分单位存在将电子会计凭证的纸质打印件直接作为报销凭证入账归档的情况。业务人员在差旅费报销的过程中，通常会将电子发票或电子行程单打印成纸质版作为附件完成报销。部分单位没有针对电子会计凭证报销出台或完善相关规定，没有重视报账人员对电子发票或电子行程单原件的保存，没有明确报销人保存原件的具体执行方法，没有明确审核人核查原件的具体监督手段。由于缺少电子会计凭证管理规定，电子会计凭证原件并未得到有效的规范管理，后续若想对原件进行追溯核对，将存在一定的困难和风险，电子会计凭证的真实性和合法性也无法得到保证。

（三）存储管理存在风险

电子会计凭证的应用有利于会计档案无纸化的实现，节省了会计人员

整理和装订凭证的时间，节约了单位存放档案的物理空间，并且财务人员调取档案进行查阅也更加便捷、高效，但是电子会计档案的存储管理仍然存在一定的问题和风险。单位通常采用服务器对电子会计凭证和档案进行存储管理。随着档案数据数量和复杂程度的增加，服务器空间容量和处理速度将承受更大的压力，存储空间不足将导致档案数据无法被及时安全地保存在数据库中，存在数据遗漏或保存失败的风险。此外，机器处理速度的降低，将导致档案数据无法被顺利读取使用，严重影响档案查阅的效率。存储空间扩容和存储环境维护都将导致电子会计凭证存储管理的成本增加，反而在一定程度上抵销了档案无纸化管理带来的成本节约。若电子会计凭证服务器不稳定、环境不可控、存储管理不到位，将不利于保证电子会计凭证的安全性和完整性。

第四节　电子凭证会计数据标准试点解决方案

在电子凭证会计数据标准试点工作中，航天信息股份有限公司（以下简称“航天信息”）是最早一批进入标准制定的核心厂商，是电子凭证会计数据标准试点名单中承担任务最多的单位，同时也是电子凭证会计数据标准试点名单外部保障单位中唯一的中央企业，为电子凭证会计数据标准深化试点工作提供专业的技术保障和产品服务。在国家部委电子凭证会计数据标准深化试点文件中，航天信息入选电子凭证开具分发平台以及电子凭证深化试点工作服务保障单位，所属浙江诺诺网络科技有限公司（诺诺云、诺诺网）入选电子凭证深化试点平台中的代理记账平台。

针对接收端试点工作，航天信息结合财政部等九部门发布的《关于联合开展电子凭证会计数据标准深化试点工作的通知》要求，针对试点要求的九类电子凭证接收、解析、报销、入账、归档等相关功能，第一时间对核心产品“航信财智云[①]”进行升级改造，为各试点单位提供适配电子凭证会计数据标准接收端深化试点要求的全系列、全程电子化产品。航天信息电子凭证全程数字化解决方案，实现了消费、报销、审核、支付、入账、归档全流程一体化。

航天信息电子凭证全流程数字化解决方案如图 4-22 所示。

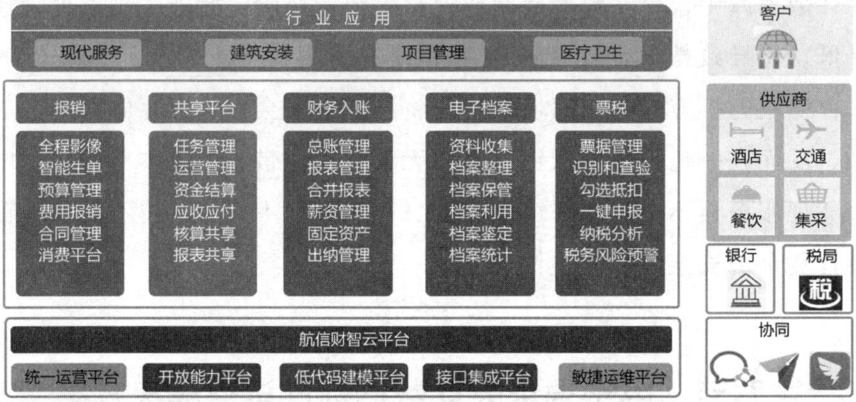

图 4-22 航天信息电子凭证全流程数字化解决方案

为应对试点单位不同的业务场景，航天信息相关产品采取模块化灵活组装的方式提供多种解决方案，适用电子凭证采集、报销、入账、归档等业务场景，可以有效补足试点单位缺失或者薄弱的环节。

一、电子凭证全流程数字化解决方案

（一）适用单位财务信息化情况

现有系统不足以支撑业务发展，存在严重的“数据孤岛”，并在国产

① 航信财智云聚焦费控报销、数字财税、财务共享、电子档案业务领域，打造企业票据管理平台“财智云·票据”，数字化智慧财务管理软件“财智云·财务”，智能、敏捷、高效的财税共享平台“财智云·共享”，电子档案的全生命周期管理系统“财智云·档案”。打通企业消费—报销—支付—入账—归档全流程，改变了传统的财务管理和核算模式，助力成长型企业数字化转型。

化、数据安全等方面有迫切需求，需要全面升级替换的单位。

（二）财智云全流程数字化解决方案

通过升级全套报销、核算（财务共享）、电子档案系统，通过应用财智云报销、财智云财务（财智云共享）及财智云档案产品，实现试点电子凭证接收、数据解析、查验、报销、入账、归档全流程、全环节、标准化、自动化处理，打通业务流、财务流、信息流。财智云电子凭证总体功能架构如图4－23所示。

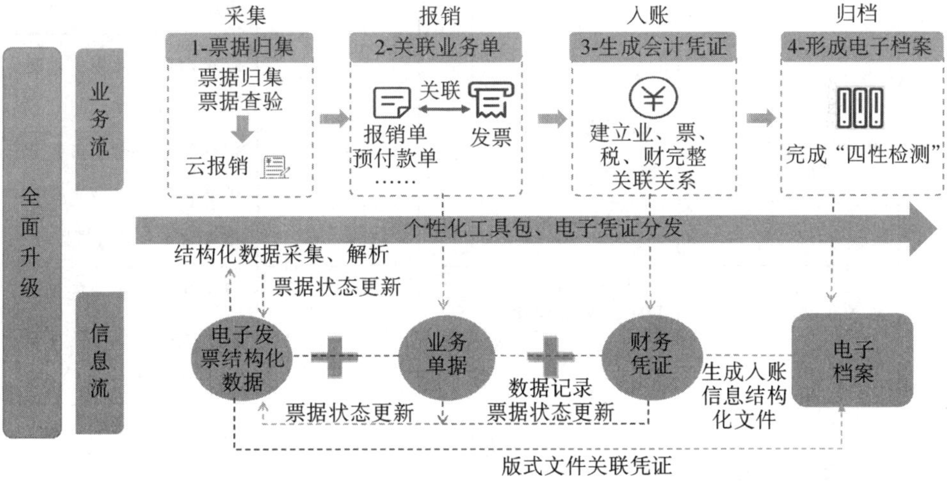

图4－23　财智云电子凭证全流程数字化解决方案

1. 电子凭证接收、解析、报销

在电子凭证接收、解析、报销方面，通过应用云费控系统，在各类票据采集的同时，实现票据验真、验重。

云费控系统内置票据解析技术，对九种电子凭证按照电子凭证会计数据标准及相关技术规范自动进行验签、查验、提取和解析等操作，满足九部委关于电子凭证会计数据标准深化试点工作方案的相关要求。九类电子凭证具体情况如表4－3所示。

表4-3 九类电子凭证相关要求

序号	电子凭证种类	开具方交付文件格式	验签	查验	提取	解析	查验平台
1	数电票（不含铁路电子客票、航空运输电子客票行程单）	XML		√		√	通过电子发票服务平台或者全国增值税发票查验平台查验
2	数电票（铁路电子客票）	OFD（含结构化数据文件XBRL）	√		√	√	
3	数电票（航空运输电子客票行程单）	OFD（含结构化数据文件XBRL）	√	√	√	√	通过“民航验真/发票验真”进行电子凭证的查验
4	财政电子票据	PDF（含结构化数据文件XBRL）		√	√	√	登录财政部全国财政电子票据查验平台进行票据查验，各省（市）也可通过当地财政电子票据查验平台进行查验
5	电子非税收入一般缴款书	PDF（含结构化数据文件XBRL）	√	√	√	√	通过相应的查验网站进行电子非税收入一般缴款书的查验
6	增值税电子普通发票	PDF+ZIP（XBRL+签名文件）	√	√	√	√	通过电子发票服务平台或者全国增值税发票查验平台查验
7	增值税电子专用发票	OFD+ZIP（TBRL+签名文件）	√	√	√	√	通过电子发票服务平台或者全国增值税发票查验平台查验
8	银行电子回单	OFD（含结构化数据文件XBRL）			√	√	
9	银行电子对账单	OFD（含结构化数据文件XBRL）			√	√	

云费控系统利用OCR识别技术提取票据的结构化数据，记录到票据池中。业务单据引用票据池中选定的票据发起报销，票面信息自动代入报

销单上，实现自动填单及票据与单据的关联。各级领导在审核时，提供XML数据展示服务，将XML的数据电文格式转换为传统票样格式，方便用户及各审核节点查阅票据内容，实现传统纸质凭证向电子凭证的平滑过渡。XML数据展示服务如图4－24所示。

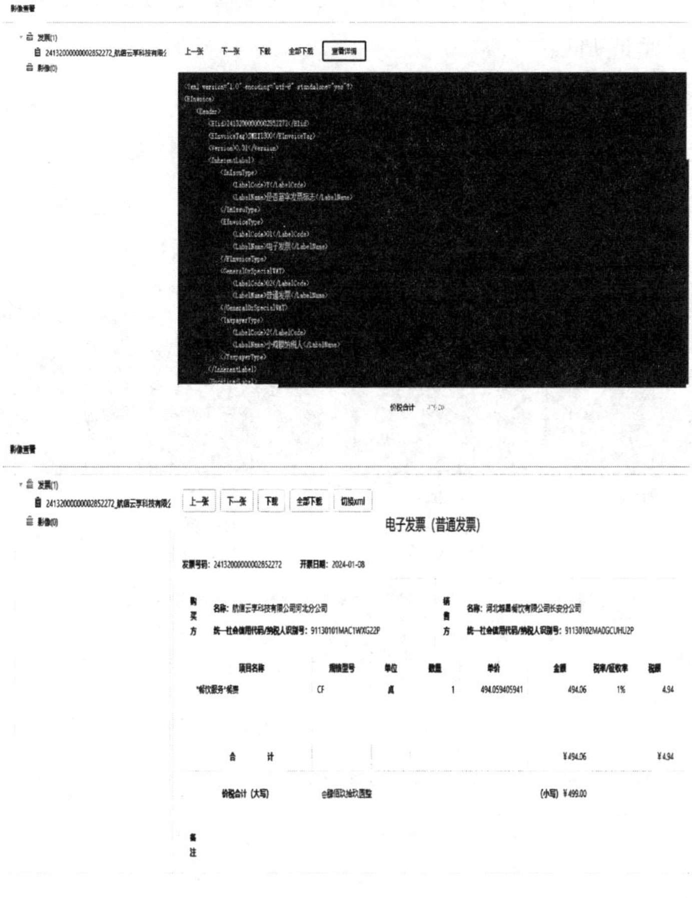

图4－24　XML数据展示服务

2. 电子凭证入账及入账信息结构化文件生成

云费控系统与云财务系统无缝衔接，在报销单审核完成后，按照预置的入账规则自动推送云财务生成核算软件中的凭证，并完成现金流分析。银企直连支付完成后，银行回单与报销单及记账凭证自动匹配关联，为归档做准备。为满足电子凭证会计数据标准深化试点关于入账信息结构化文件生成的要求，云费控系统提供入账信息结构化文件生成服务，在电子凭证入账、业务付款完成后，操作人员点击生成入账 XBRL 功能按钮，将电子凭证相关业务、财务、付款数据整合生成数据电文，形成国家档案局及财政部要求的归档会计资料，该资料支持导出并上传财政部验证系统，以满足电子凭证会计数据标准深化试点关于数据验证方面的要求。

3. 电子凭证归档

云档案系统是会计资料全生命周期管理的工具。云档案与云费控、云财务连接，财务人员定期将凭证、账簿、报表审核完成上报后，点击归档，云档案系统将对会计资料进行真实性、可用性、安全性、完整性“四性检测”，检测合格后方可归档。财智云·档案总体功能如图 4－25 所示。

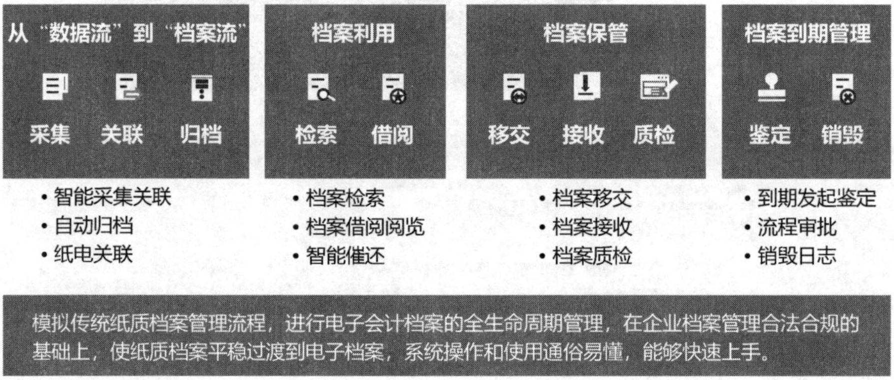

图 4－25 财智云·档案——电子会计档案全生命周期管理工具

云档案系统模拟传统纸质档案管理流程，在企业档案管理合法合规的基础上，使纸质档案平稳过渡到电子档案，系统操作和使用通俗易懂，能够快速上手。

二、报销＋归档方案

（一）适用单位财务信息化情况

现有财务核算系统比较稳定，但报销系统薄弱，不足以支撑业务发展，并且对电子会计档案管理系统有需求，参与电子凭证接收端深化试点的单位。

（二）财智云费控 + 云档案方案

可采用云报销 + 云档案的方案，即“云费控 + 现有 ERP 系统 + 云档案”的方式，以达到电子凭证会计数据标准深化试点工作要求，试点方案的总体架构如图 4－26 所示。

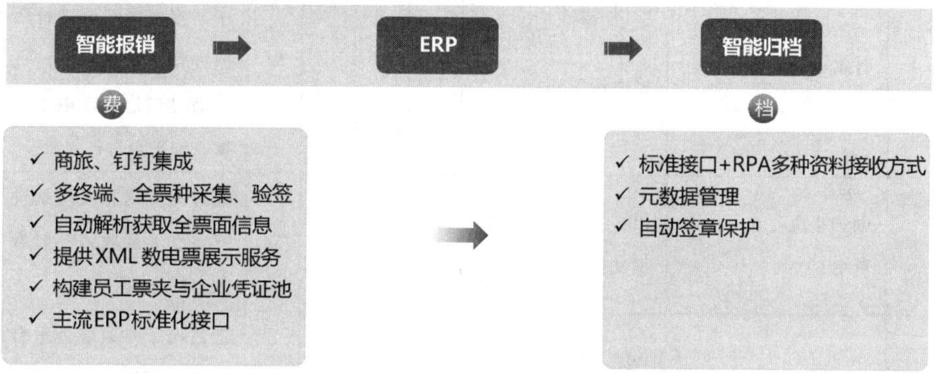

图 4－26 财智云 + 云档案方案

1. 电子凭证接收、解析、报销

在电子凭证接收、解析、报销方面，通过应用云费控系统，在各类票据采集的同时，实现票据验真、验重。

云费控系统内置票据解析技术，对九种电子凭证按照电子凭证会计数据标准及相关技术规范自动进行验签、查验、提取和解析等操作，满足九部委关于电子凭证会计数据标准深化试点工作方案的相关要求。九类电子凭证具体情况如表 4－4 所示。

表 4－4 九类电子凭证相关要求

序号	电子凭证种类	开具方交付文件格式	验签	查验	提取	解析	查验平台
1	数电票（不含铁路电子客票、航空运输电子客票行程单）	XML		√		√	通过电子发票服务平台或者全国增值税发票查验平台查验

续表

序号	电子凭证种类	开具方交付文件格式	验签	查验	提取	解析	查验平台
2	数电票（铁路电子客票）	OFD（含结构化数据文件 XBRL）	√		√	√	
3	数电票（航空运输电子客票行程单）	OFD（含结构化数据文件 XBRL）	√	√	√	√	通过“民航验真/发票验真”进行电子凭证的查验
4	财政电子票据	PDF（含结构化数据文件 XBRL）		√	√	√	登录财政部全国财政电子票据查验平台进行票据查验，各省（市）也可通过当地财政电子票据查验平台进行查验
5	电子非税收入一般缴款书	PDF（含结构化数据文件 XBRL）	√	√	√	√	通过相应的查验网站进行电子非税收入一般缴款书的查验
6	增值税电子普通发票	PDF + ZIP（XBRL + 签名文件）	√	√	√	√	通过电子发票服务平台或者全国增值税发票查验平台查验
7	增值税电子专用发票	OFD + ZIP（TBRL + 签名文件）	√	√	√	√	通过电子发票服务平台或者全国增值税发票查验平台查验
8	银行电子回单	OFD（含结构化数据文件 XBRL）			√	√	
9	银行电子对账单	OFD（含结构化数据文件 XBRL）			√	√	

云费控系统利用 OCR 识别技术提取票据的结构化数据，记录到票据池中。业务单据引用票据池中选定的票据发起报销，票面信息自动带入到报销单上，实现自动填单及票据与单据的关联。各级领导在审核时，提供 XML 数据展示服务，将 XML 的数据电文格式转换为传统票样格式，方便用户及各审核节点查阅票据内容，实现传统纸质凭证向电子凭证的平滑过

渡。XML 数据展示服务如图 4－27 所示。

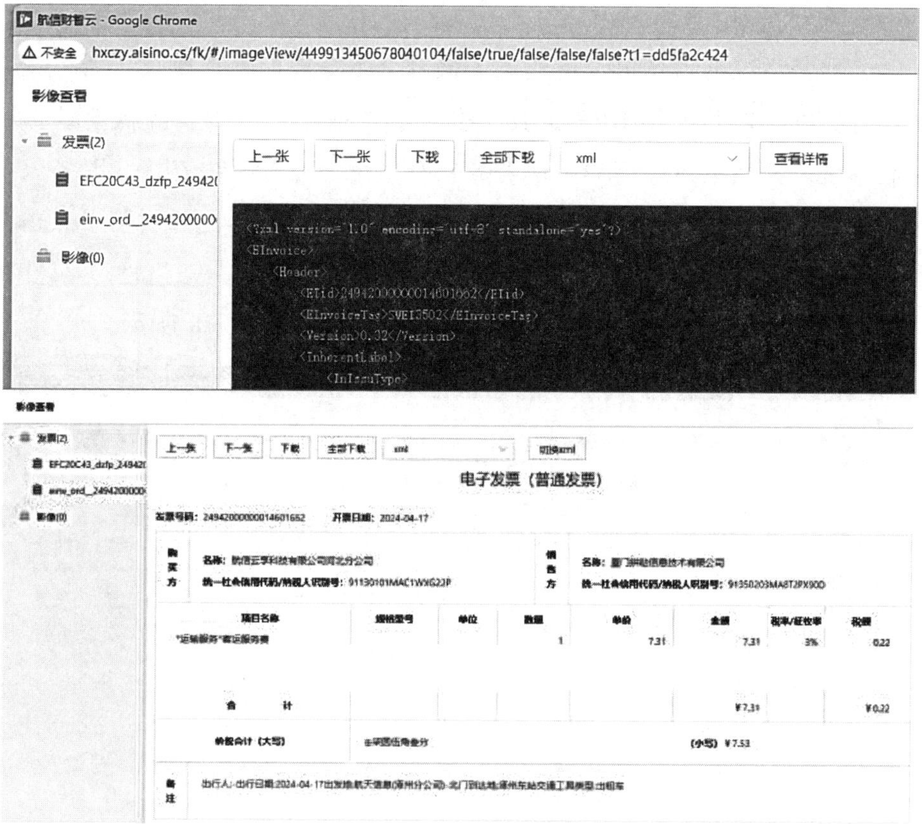

图 4－27　XML 数据展示服务

2. 电子凭证入账及入账信息结构化文件生成

云费控系统与现有财务核算系统集成，在报销单审核完成后，按照预置的入账规则自动推送财务软件生成核算软件中的凭证。支付完成后，云费控系统提供银行回单与报销单及记账凭证自动匹配关联，为归档做准备。为满足电子凭证会计数据标准深化试点关于入账信息结构化文件生成的要求，云费控系统提供入账信息结构化文件生成服务，在电子凭证入账、业务付款完成后，操作人员点击生成入账 XBRL 功能按钮，将电子凭证相关业务、财务、付款数据整合生成数据电文，形成国家档案局及财政部要求的归档会计资料，该资料支持导出并上传财政部验证系统，以满足电子凭证会计数据标准深化试点关于数据验证方面的要求。

3. 电子凭证归档

云档案系统助力各单位搭建电子档案全生命周期管理模式。云档案系统预置标准接口并提供 RPA 工具，多渠道获取会计数据，降低会计资料接收难度。云档案系统可与单位财务核算系统、业务系统连接，财务人员定期将凭证、账簿、报告及其他会计资料整理完毕后，在云档案中点击归档，系统将对会计资料进行真实性、可用性、安全性、完整性“四性检测”，检测合格后方可归档。财智云·档案界面如图 4－28 所示。

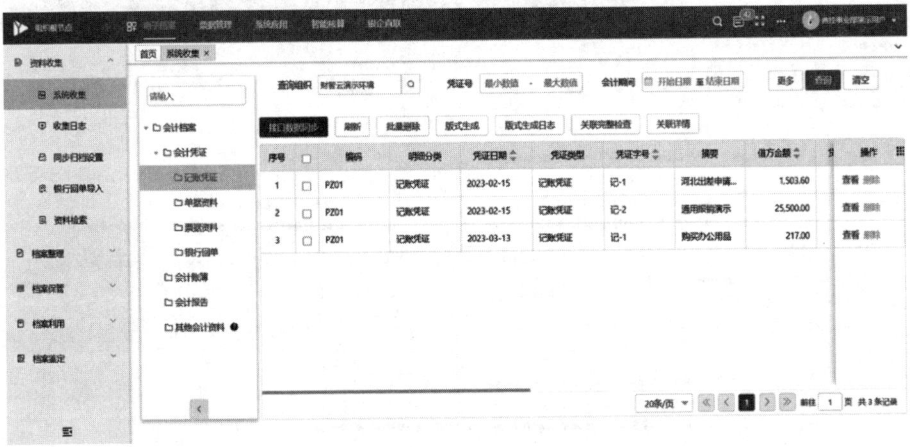

图 4－28 财智云·档案——电子会计档案全生命周期管理界面

云档案系统可以实现集中接收、如实记录、安全归档 ERP 系统和报销系统中生成的各类电子会计资料，包括电子凭证、报销单、记账凭证等，按照电子凭证会计数据标准深化试点的要求归档，并确保归档数据完全一致、不可篡改、便于利用，实现电子会计档案数据长期保存的功能。

三、票据管理＋归档方案

（一）适用单位财务信息化情况

现有报销系统及财务核算系统比较稳定，电子凭证采集、验签、数据解析、数据电文回写、影像查看、电子会计档案管理等方面比较薄弱的单位。

（二）财智云票据+云档案方案

可在现有信息化系统的基础上增加财智云票据管理系统，实现对电子凭证的采集、接收、解析、管理等功能，并在后端搭建电子会计档案管理系统，即使用“财智云票据+当前报销系统+ERP+财智云档案”的系统集成方式，试点方案的总体架构如图4-29所示。

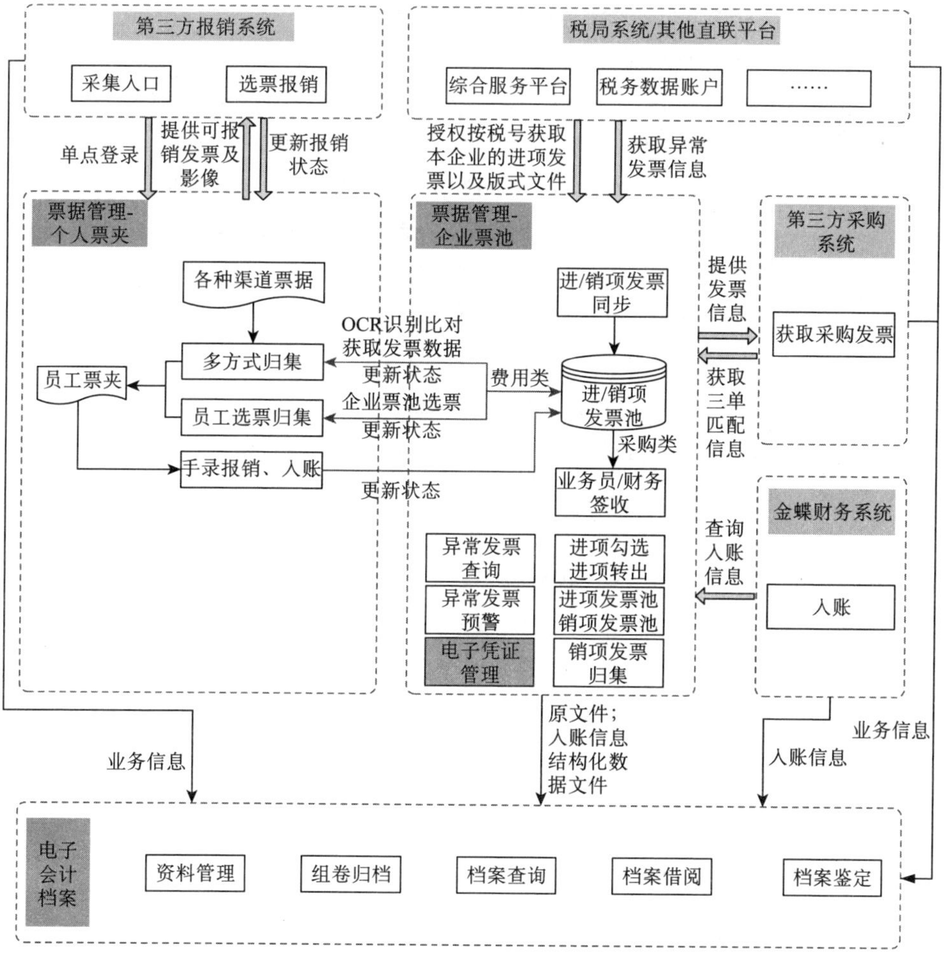

图4-29 财智云票据试点方案

1. 电子凭证接收、采集

报销人员通过云票据的票夹采集电子凭证，形成个人票夹和企业发票池。采集支持扫一扫、邮箱、微信及接口文件导入等多种方式，采集的同时完成识别和查验，对电子凭证抬头、真伪、号码、编码、是否重复等信息进行多维度校验。电子凭证从采集到识别速度能够达到秒级。云票据功能如表 4-5 所示。

表 4-5　电子凭证接收、采集相关功能清单

功能模块	功能描述
票夹	（一）采集票据 1. 拍照识别：拍照或从相册选择照片，获取发票数据，适用票据种类：纸质增值税发票、出租车票、火车票（非试点）、机票行程单（非试点）。 2. 扫一扫：针对打印不规范的发票可以采用扫描二维码方式进行发票采集，例如：发票专用章压盖备注栏校验码导致直接拍照无法识别校验码，无法正常拍照采集，直接扫描发票二维码进行采集。 3. 手录发票：针对票据模糊的票据支持手动录入发票信息。 4. PDF/OFP 上传电子发票：实现非试点单位的电子发票上传原始 PDF/OFD 文件，保证发票文件的真实性，同时提高发票采集效率。 5. 导入电子凭证（财政部试点），可以对接收到的各种文件格式的电子凭证进行验签/查验、数据提取、数据解析，对试点票据采集进行归集，生成电子凭证记录。 6. 邮箱发票：录入邮件链接，获取发票数据。 7. 财政票据：用于非试点财政电子票据上传。 （二）票据查询 1. 本人已采集票据查询，查看票据报销状态/查验状态，可对票据的详情进行查看。 2. 查看票据信息及影像文件，XML 支持转换成版式查看，提高票据可视化程度。 3. 支持将票据移交给其他人，被移交人可对移交进自己名下的票据进行相应业务处理

续表

功能模块	功能描述
票据接收自动处理	（一）获取发票全票面数据 发票文件统一采集入口，系统自动根据文件类型判断是否试点电子凭证。 试点电子凭证自动进行解析、验签/查验功能。 电子发票文件进行发票真伪查验，获取发票信息。 图片文件自动旋转压缩，多张发票混扫时自动切图，通过 OCR 技术实现发票关键要素的智能识别，并进行发票真伪查验，获取发票信息。 （二）发票自动查验真伪；发票自动校验重复。 （三）按规则自动价税分离
票据及影像输出服务	将已采集发票的结构化数据及影像文件输出，沿用原有数据通道及标准接口，传递给商网的集团发票池

2. 电子凭证解析

按照财政部会计司 2023 年 5 月发布的《关于公布电子凭证会计数据标准（试行版）的通知》（财会便函〔2023〕18 号）相关要求，票据管理系统利用票据解析技术，对九种电子凭证按照电子凭证会计数据标准及相关技术规范自动进行验签、查验、提取和解析等操作，满足九部委关于电子凭证会计数据标准深化试点工作方案的相关要求。九类电子凭证试点具体情况如表 4－6 所示。

表 4－6　　九类电子凭证试点具体情况

序号	电子凭证种类	开具方交付文件格式	验签	查验	提取	解析	查验平台
1	数电票（不含铁路电子客票、航空运输电子客票行程单）	XML		√		√	通过电子发票服务平台或者全国增值税发票查验平台查验
2	数电票（铁路电子客票）	OFD（含结构化数据文件 XBRL）	√		√	√	
3	数电票（航空运输电子客票行程单）	OFD（含结构化数据文件 XBRL）	√	√	√	√	通过“民航验真/发票验真”进行电子凭证的查验

续表

序号	电子凭证种类	开具方交付文件格式	验签	查验	提取	解析	查验平台
4	财政电子票据	PDF（含结构化数据文件 XBRL）		√	√	√	登录财政部全国财政电子票据查验平台进行票据查验，各省（市）也可通过当地财政电子票据查验平台进行查验
5	电子非税收入一般缴款书	PDF（含结构化数据文件 XBRL）	√	√	√	√	通过相应的查验网站进行电子非税收入一般缴款书的查验
6	增值税电子普通发票	PDF + ZIP（XBRL +签名文件）	√	√	√	√	通过电子发票服务平台或者全国增值税发票查验平台查验
7	增值税电子专用发票	OFD + ZIP（TBRL +签名文件）	√	√	√	√	通过电子发票服务平台或者全国增值税发票查验平台查验
8	银行电子回单	OFD（含结构化数据文件 XBRL）			√	√	
9	银行电子对账单	OFD（含结构化数据文件 XBRL）			√	√	

3. 电子凭证报销

云票据系统与现有报销系统进行集成，员工报销业务仍然在现有报销系统完成，报销完成后报销系统将对应电子凭证的报销状态通过接口返回至云票据系统。

4. 电子凭证入账

审核完成的报销单据在 ERP 系统中生成凭证，并将凭证数据通过接口返回至云票据系统，通过云票据系统的电子凭证管理模块生成符合要求的结构化数据文件。

5. 电子凭证归档

云档案系统集中接收、安全归档票据管理系统和企业 ERP 系统中的电子会计资料，可以接收、存储、查阅符合电子凭证会计数据标准的 XBRL、XML、OFD、PDF 等格式的文件，确保归档数据不可篡改、便于利用，实现电子会计档案数据长期保存。电子凭证归档方案架构如图 4－30 所示。

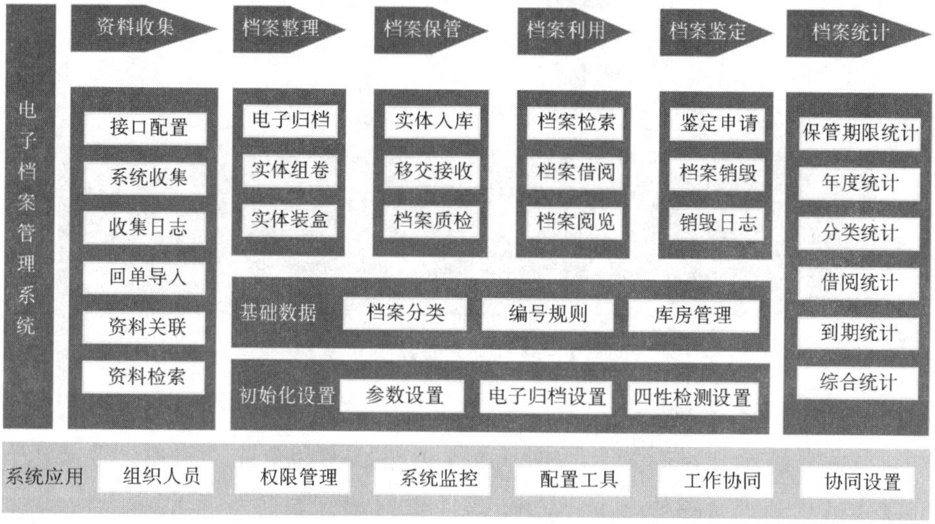

图 4－30　电子凭证归档方案架构

四、票据管理方案

（一）适用单位财务信息化情况

有电子凭证深化试点需求，但在电子会计档案管理方面需求较低的单位。

（二）财智云票据方案

针对上述单位财务信息化情况，可应用财智云票据系统采集各类凭证，并对凭证进行验真、数据解析，形成票池。现有的业务及财务系统引用云票据系统中的票据实现业务、财务处理后，调用云票据系统提供的 XBRL 文件生成服务，一键生成入账信息结构化文件，并支持文件导出。根据国家档案局、财政部等关于电子会计档案管理方面的要求，云票据系统提供电票归档功能。试点方案的总体架构如图 4－31 所示。

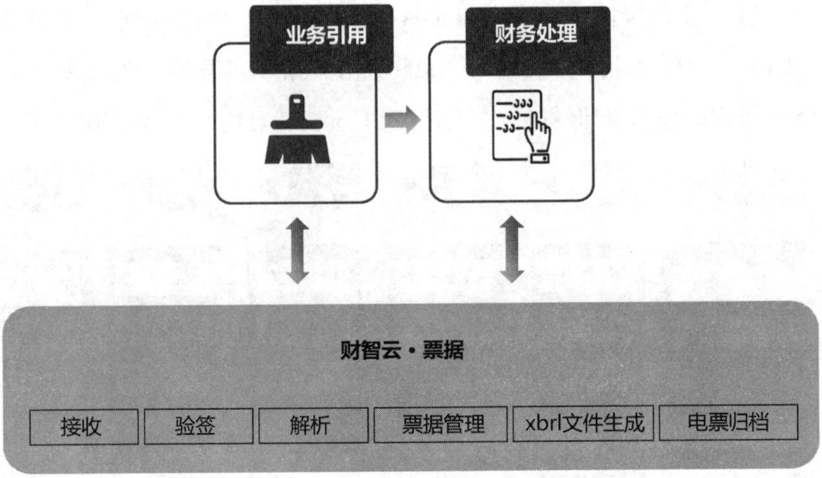

图 4-31　财智云票据方案

1. 票据的采集接收

在业务前端建设财智云票据系统，通过票夹和企业发票池，业务人员可以通过移动端 App 和商密网 PC 端采集票据，系统支持拍照、扫一扫、邮箱、短信、微信及接口文件导入等多种方式采集接收票据，提高票据采集效率；票据采集过程中支持 OCR 识别，对发票实行多维度的信息校验，包括抬头、重复性、真伪、号码、编码等，从发票的导入到正确识别达到秒级。根据发票类别形成个人票夹和企业发票池。电子凭证采集方式如图 4-32 所示。

图 4-32　电子凭证采集方式

2. 票据的解析

云票据系统内置财政部电子凭证会计数据标准深化试点工具包，对电子凭证的数据进行解析，并将解析后的结构化数据存储后进行界面展示。电子凭证数据解析如图 4－33 所示。

发票详情

电子发票（普通发票）

发票号码：24132000000002852272　开票日期：2024-01-08

购买方　名称：
统一社会信用代码/纳税人识别号：

销售方　名称：河北[illegible]餐饮有限公司长安分公司
统一社会信用代码/纳税人识别号：91130102MA0GCUHU2P

项目名称	规格型号	单位	数量	单价	金额	税率/征收率	税额
*餐饮服务*餐费	CF	桌	1	494.059405941	494.06	1%	4.94
合　计					¥494.06		¥4.94
价税合计（大写）	⊗肆佰玖拾玖圆整				（小写）¥499.00		

备注

图 4－33　电子凭证数据解析

3. 业务引用

云票据系统提供 API 接口，能够灵活对接第三方系统。云票据系统与单位现有业务系统进行集成后，报销业务仍然在现有报销系统完成，报销完成后报销系统将对应电子凭证的报销状态通过接口返回至云票据系统。

4. 凭证数据写入

审核完成的业务单据在 ERP 系统中生成凭证，并将凭证数据通过接口返回至云票据系统，通过云票据系统的电子凭证管理模块生成符合要求的结构化数据文件。电子凭证管理支持自动或手工生成入账 XBRL 文件，并提供压缩包导出功能。XBRL 文件生成如图 4－34 所示。

5. 电票归档

根据国家档案局、财政部等关于电子会计档案管理方面的要求，云票据系统提供电票归档功能。财智云——电票归档功能如图 4－35 所示。

图 4－34 生成 XBRL 文件

图 4－35 财智云——电票归档

五、电子凭证全流程数字化解决方案的应用价值

航天信息打造的电子凭证全流程数字化解决方案已经在航天信息体系内应用，实现了报销、支付、入账、归档全流程一体化，航天信息体系内六家单位顺利完成 2023 年电子凭证会计数据标准接收端深化试点项目，

推动航天信息财务信息化水平迈上新台阶，为财务数字化转型奠定了坚实基础。航天信息积极跟踪航天科工集团单位的试点情况，成功中标航天精工的电子凭证试点项目，助力航天科工集团打造央企试点标杆。此外，先后落地 10 余家外部客户的试点项目，对试点单位缺失或者薄弱的环节加强功能补足，实现了消费、报销、审核、支付、入账、归档全流程一体化，助力各试点单位财税数字化转型。航天信息通过深度参与电子凭证会计数据标准接收端深化试点工作，并在试点过程中不断地提炼总结，为电子凭证全面推广应用验证了数据标准的可行性，探索了技术路线，形成了可复制、可推广的应用路径，并将相关经验上报财政部电子凭证专班，以供各试点单位参考。

电子凭证全流程数字化解决方案具体的应用价值在于：

（1）电子凭证会计数据标准深化试点涉及的票据类型覆盖经营活动报账的绝大部分业务，这些原始凭证从开具、接收到处理、归档等各环节全流程电子化标准化处理，彻底打通了电子凭证报销、入账、归档的“最后一公里”。

（2）电子凭证会计数据标准深化试点规范了电子凭证全生命周期的处理流程，依托电子凭证全流程数字化方案，避免了文件丢失、传递及审核费时费力等问题，大幅提高了整体流程的效率，减轻了财务工作负担，降低了档案管理成本。

（3）在电子凭证全流程、全要素、全环节数字化的基础上，借助大数据、人工智能、RPA 等相关技术，应用电子凭证全流程数字化方案，实现了智能填单、智能审核、智能记账及智能归档，提高了公司广大员工的工作效率，获得了体验感。

（4）电子凭证全流程数字化打破了“数据孤岛”的壁垒，促进了电子凭证的自动、合规、高效处理，并将财务信息数据沉淀为公司数字资产，助力财务无纸化工作的实现，进而推动企业的业财税融合。

第五章

企业数字化转型路径

第一节　国家政策指引企业财税数字化转型

一、党中央会议精神

习近平总书记在党的二十大报告中提出加快建设制造强国、质量强国、航天强国、交通强国、网络强国、数字中国。构建新一代信息技术、人工智能、生物技术、新能源、新材料、高端装备、绿色环保等一批新的增长引擎。加快发展数字经济，促进数字经济和实体经济深度融合，打造具有国际竞争力的数字产业集群。优化基础设施布局、结构、功能和系统集成，构建现代化基础设施体系。

二、全国人大会议精神

2021 年 3 月，十三届全国人大四次会议表决通过了《中华人民共和国国民经济和社会发展第十四个五年规划和 2035 年远景目标纲要》（以下简称“十四五”规划）。“十四五”规划中提出迎接数字时代，激活数据要素潜能。加强关键数字技术创新应用，聚焦高端芯片、操作系统、传感器等关键领域；加快推动数字产业化，培育壮大人工智能、大数据、区块链等新兴数字产业；加快数字社会建设步伐，营造良好数字生态。做好企业的数字化转型工作，从而增强国有经济竞争力、创新力、控制力、影响力、抗风险能力，做强、做优、做大国有资本和国有企业。

2023 年 3 月，十四届全国人大一次会议表决通过了关于《2023 年国务院政府工作报告》（以下简称《报告》）的决议。《报告》中提出加快传统产业和中小企业数字化转型，着力提升高端化、智能化、绿色化水平。大力发展数字经济，数字化转型是由数字经济发展带来的，数字化转型是数字经济的核心驱动力，因为数字经济应用十分广泛，但凡是直接或间接利用信息、数据来引导企业资源发挥作用，推动生产力发展的经济形态都可以纳入数字经济的范畴。

三、国务院文件精神

2020 年，国务院国资委发布了《关于加快推进国有企业数字化转型工作的通知》，提出探索构建适应企业业务特点和发展需求的“数据中台”“业务中台”等新型 IT 架构模式，为业务数字化创新提供高效数据及一体化服务支撑，促进国有企业数字化、网络化、智能化发展；着力推动共享服务数字业务的发展。由此可见，信息化建设是数字化转型的基础，要保证系统之间顺利联通，业务流程连贯顺畅，基础数据质量准确无误，从而更好地进行数字化转型。

2021 年 3 月，中共中央办公厅、国务院办公厅发布《关于进一步深化税收征管改革的意见》（以下简称《征管改革意见》），《征管改革意见》中提出稳步实施发票电子化改革，到 2021 年建成全国统一的电子发票服务平台，有序推进铁路、民航等领域发票电子化，2025 年基本实现发票全领域、全环节、全要素电子化。大力推进会计核算和财务管理信息化，通过电子发票与财政支付、金融支付和各类单位财务核算系统、电子档案管理信息系统的衔接，加快推进电子发票无纸化报销、入账、归档、存储。电子发票的推广和应用对企业来说既是机遇也是挑战，企业应充分认识到电子发票的优势和劣势，制定有效的策略来应对挑战并充分利用其优势推动数字化转型，进而提高企业的竞争力和可持续发展能力。

在中央企业加强财务信息化工作方面，2011 年，国务院国资委下发《关于加强中央企业财务信息化工作的通知》，强调财务信息化基础工作是关系财务信息化成败的关键；中央企业应当做到财务系统与业务系统的深度融合；功能完善的财务信息系统应将关键控制环节和控制要求固化于系统中，实现财务信息系统的内部控制。同时，安全保密至关重要，应当选择可靠单位进行项目实施与维护。企业财务数字化的转型能够保证上列系统间相互融合、信息安保工作等，还可以实现信息化协同，能够推动企业以统一、规范的体系来实行财务工作，保证在企业内部可以实行统一管理标准，其有利于推动企业财务工作的改革及创新，降低企业内部的财务风险，提高财务管理工作的效率。

2022 年，国务院国资委印发了《关于开展对标世界一流企业价值创造行动的通知》，提出通过价值创造，推动国有企业高质量发展的根基更加强固、转型升级的动能更加充沛、国有经济的战略支撑作用凸显、长期价值的实现能力更加强劲、国有企业为经济社会发展作出的贡献更大。2022 年，为推动中央企业进一步加强资金管理，有效提高资金运营效率，严格防控资金风险，全面提升财务管理精益化、集约化、智能化水平，加快培育具有全球竞争力的世界一流企业，国资委研究制定了《关于推动中央企业加快司库体系建设进一步加强资金管理的意见》。同年，又印发了《关于中央企业加快建设世界一流财务管理体系的指导意见》，明确指出要以数字技术与财务管理深度融合为抓手，不断提升财务价值创造能力；构建完善智能前瞻的财务数智体系，统筹制定全集团财务数字化转型规划，完善制度体系、组织体系和管控体系，加强跨部门、跨板块协同合作，建立智慧、敏捷、系统、深入、前瞻的数字化、智能化财务。从现代企业面临的竞争格局来看，其必须加强数字技术的应用，推进财务管理信息化建设，以便适应数字经济时代，实现价值创造与持续经营。从优化内部管理着手，在财务管理信息化建设进程中，需要依托财务管理的基础职能及职能拓展，立足于为企业的业务开拓与战略实现服务，运用数字技术赋能企业的价值创造活动。

2022 年，国务院印发《“十四五”数字经济发展规划》（以下简称《规划》）。《规划》中提出，到 2025 年，数字经济核心产业增加值占国内生产总值比重达到 10%，数据要素市场体系初步建立，数字产业化水平显著提升，数字经济治理体系更加完善。展望 2035 年，力争形成统一公平、竞争有序、成熟完备的数字经济现代市场体系，数字经济发展水平位居世界前列。数字经济顶层规划出台，对于传统企业来说，是一个难得的发展机遇，应抓住机遇加快企业数字化转型升级，引导企业强化数字化思维，提升员工数字技能和数据管理能力，建立市场化服务与公共服务双轮驱动，打造区域产业数字化创新综合体，带动传统产业数字化转型。

2023 年，中共中央、国务院印发的《数字中国建设整体布局规划》，提出数字中国建设按照“2522”的整体框架进行布局，即夯实数字基础设施和数据资源体系“两大基础”，推进数字技术与经济、政治、文化、社会、生态文明建设“五位一体”深度融合，强化数字技术创新体系和数字安全屏障“两大能力”，优化数字化发展国内国际“两个环境”。到 2025 年，基本形成横向打通、纵向贯通、协调有力的一体化推进格局。到 2035 年，数字化发展水平进入世界前列，数字中国建设取得重大成就。数字经济已成为中国的重要支柱产业之一，建设数字中国、发展数字经济是国家战略的首要任务，既是一场机遇，也是一种挑战。中国传统企业应抓住时代发展机遇，充分利用国家政策支持这条利刃，打破传统企业弊端，优化自身结构，加入数字化转型行列，实现跨越式发展。

2023 年 12 月，国务院国资委召开中央企业财务工作会议，要求 2024 年各中央企业财务系统要深入贯彻党的二十大和中央经济工作会议精神，认真落实中央企业负责人会议要求，坚持稳中求进、以进促稳、先立后破，锚定建设世界一流财务管控体系的总目标。会议要求以司库建设为抓手，加快推进企业财务数智化转型。在企业数字化转型趋势下，智慧司库作为企业资金管理的高级阶段，已成为集团型企业全面提升财务管理精益化、集约化、智能化水平的重要抓手。不同企业所处的发展阶段不同，司库体系建设的成熟度不同，企业需要结合自身不同时期的发展战略，合理规划建设路径，稳步推进智慧司库体系建设，从而更好地完成企业数字化转型工作。

四、财政部文件指引

2021 年 11 月，财政部制定了《会计改革与发展“十四五”规划纲要》（以下简称《规划纲要》）。《规划纲要》提出“以数字化技术为支撑，以会计审计工作数字化转型为抓手，推动会计职能实现拓展升级”的总体目标和“切实加快会计审计数字化转型步伐”的主要任务。传统制造业经济正与大数据、人工智能、移动互联网、云计算等新经济新技术深度融合，新的商业模式层出不穷，应用场景也在不断深化，使经济社会数字化转型全面开启和深入推进，为新时期会计信息化应用场景全面转向数字化带来新的机遇。

2021 年至 2023 年，财政部开展了关于电子凭证会计数据标准制定及组织落实等工作，旨在打通电子凭证报销、入账、归档“最后一公里”。财政部相关部门研究编写了《电子凭证会计数据标准深化试点技术问答 1.0》和《电子凭证会计数据标准深化试点操作指南》，发布了《电子凭证会计数据标准深化试点工具包》，帮助试点单位熟悉并有效开展深化试点工作。统一会计电子凭证数据标准后，将有力推动电子凭证从开具、接收到处理、归档等各环节全流程标准化无纸化处理。伴随着新一轮深化试点，不仅“试数据标准、试技术路线、试推广路径”，还将在试点过程中有序扩大试点电子凭证的种类和开具范围，稳步扩大接收端试点单位范围，进一步优化完善技术路线，建立健全配套制度，加强平台能力建设，这对于企业进一步财务数字化都将成为有力支撑。

2023 年 8 月，财政部发布《关于加强财税支持政策落实 促进中小企业高质量发展的通知》。该《通知》特别指出，中央财政将选择部分城市开展中小企业数字化转型城市试点工作；有关地方财政部门要统筹利用中央奖补资金，选取重点行业和相关中小企业，遴选数字化服务商开发集成“小快轻准”的数字化服务和产品，供企业自愿选择，解决中小企业“不敢转、不愿转、不会转”的问题，推动中小企业加快数字化转型，促进数字经济和实体经济深度融合。此外，各地财政部门抓紧向纳入支持范围的国家级专精特新“小巨人”企业拨付资金，引导企业加大创新投入、加强产业链上下游协作配套、促进数字化网络化智能化改造等。

五、国家税务总局相关指导

2024 年 1 月，全国税务工作会议在北京召开。全国税务工作会议指出，2024 年，全国税务系统将持续深化税收征管改革，稳步推进全面数字化的电子发票推广应用，扩围上线全国统一的新电子税务局，深化拓展税收大数据应用，提升数字化智能化治理效能。税务局作为国家财政事务的管理机构，积极推行数字化转型工作，从初期信息化的建设，后到大数据的应用，再到目前的智能化实践阶段，都代表着税务局的数字化转型工作迈向了较高的阶段，并且基于政策和 IT 技术高速发展的前提下，税务工作中智能化和数字化将更加深入和完善。

六、工业和信息化部文件指引

为贯彻落实党中央关于数字化发展的战略，以数字化转型推动中小企业增强企业数字化水平与核心竞争力，2020 年 3 月，工业和信息化部实施《中小企业数字化赋能专项行动方案》，提出加快推动中小企业实现数字化管理和运营，提升智能制造和上云用云水平，促进产业集群数字化发展，通过强化组织保障，完善激励机制，组织供需对接，加强培训推广，重点抓好四个一批，从而推进中小企业在数字化转型工作中迈出关键的一步。2022 年 11 月，制定了《中小企业数字化转型指南》（以下简称《指南》），明确了中小企业数字化转型“从易到难、由点及面、长期迭代、多方协同”的工作思路。《指南》中针对中小企业数字化转型基础参差不齐、需求千差万别，要增强供需匹配度；针对中小企业利润相对微薄数字化转型资源投入受限，要研制轻量化应用、发展订阅式软件服务，逐渐探索出“低成本、模块化、标准引领”的数字化改造模式。2023 年 6 月，财政部、工信部联合发布《关于开展中小企业数字化转型城市试点工作的通知》，明确两部门将以城市为对象支持中小企业开展数字化转型，打造一批数字化转型“小灯塔”企业，培育一批优质的数字化服务商，开发集成一批“小快轻准”（小型化、快速化、轻量化、精准化）的数字化解决方案和产品，全面提升中小企业数字化水平，促进数字经济和实体经济深度融合，通过数字化技术帮助更多中小企业迈向“云端”，享受到数字时代的发展红利。

上述政策的出台和施行，为企业财税数字化建设指明了方向并提供了实质性的政策支撑。

第二节　中小企业财税数字化转型之路

一、中小企业财税数字化转型策略

当前，世界经济数字化转型是大势所趋，越来越多的企业已经认识到数字化转型的重要性。根据《中小企业数字化转型分析报告（2021）》统计结果显示，2021 年约有 79% 的中小企业处于数字化转型初步探索阶段，12% 的中小企业处于应用践行阶段，仅有 9% 的中小企业达到数字化转型深度应用阶段。与 2020 年相比，我国中小企业的数字化转型取得一定进展，但总体仍处于数字转型初级阶段。相较于大企业，中小企业数字化转型比较滞后。中小企业在资金实力、技术积累、人才储备、管理能力等多方面都比较薄弱，在数字化转型过程中普遍存在“不会转、不敢转、不能转”的三不难题，综合中小企业数字化转型政策指引及转型困境，中小企业在数字化转型时可考虑如下几方面：

（一）采购考虑轻量、低门槛的产品及服务

根据研究机构测算，中国的企业数字化转型比例约为25%，远低于欧洲的46%和美国的54%①。而中小微企业在数字化转型中面临的困境则更加突出。这些企业大多对数字化的了解程度较浅、网络设施配备少、应用基础薄弱，企业往往需要进行多轮调研评估才能确认自身需求与产品、技术的选择，但对于缺乏IT人力的中小微企业，从前期选型到接入业务全流程都存在较高的技术门槛，加之规模所限投入成本较少，无论是对产品的应用还是平台的搭建都较难上手，在产品与服务的选购中也难以抉择。SaaS产品部署优势如图5-1所示。

图5-1　SaaS产品部署优势

---

①　艾瑞咨询：2022年中国中小微企业数字化转型路径研究报告。

（二）结合自身的具体需求选择合适的转型策略

第一，对于信息化基础薄弱的中小企业，首先，建立专门的信息管理系统，将线下业务向线上转化，逐步完成业务经营电子化转型。其次，逐步扩大转型范围，优先转型财务管理、客户服务等成本较低、提效明显的业务范围，之后转向研发、设计、供应链管理、分析决策支持等业务，直至打通各环节的数据链。最后，当企业内部已经形成规范化、流程化的管理机制后，要以数据信息为核心驱动力，向全面数字化转型。用户需求及产品建议如图 5－2 所示。

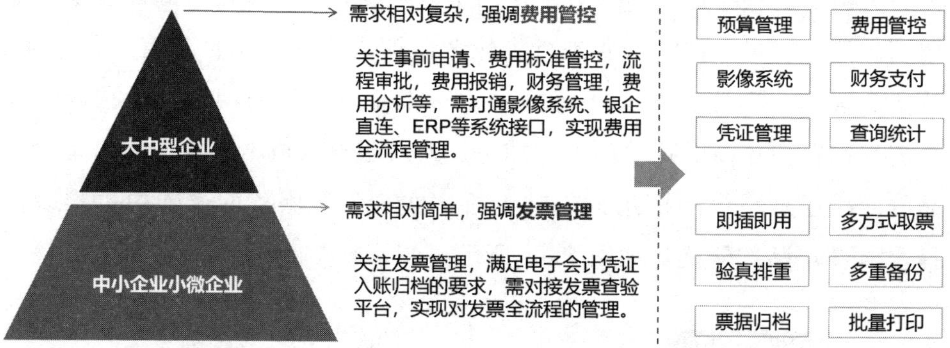

图 5－2　用户选购需求推荐

第二，对于由数字化初级阶段转向深度融合阶段的中小企业，首先，要提高企业的信息化建设水平，突破数据分析与信息化的技术壁垒，实现部门间数据的整合与采集，实现数据交互共享。其次，在信息化基础上整体规划数字技术与企业的融合发展。最后，推动企业智能化改造升级。以市场化为导向、以用户需求为本进行智能化设计，从产业链、供应链的维度优化企业可配置的资源，让用户在特定的设计场景中强化体验感。

（三）数字化转型工具需匹配阶段性差异，兼顾内部管理和外部扩张

从动态发展的视角看，企业在不同生命周期阶段的关注重点存在差异，对此，可从初创期、探索期、发展期和扩张期四个阶段分析企业数字

化需求的特征。对初创期企业而言，“存亡”是最大的问题，因此企业十分重视成本，公司业务尚处于萌芽期，此时数字化所涉环节较少。进入探索期的企业开始获得一些新的增长点，主营业务也保持不错的势头，从此到发展期初期，都处于野蛮生长阶段，这两个阶段的企业对数字化的需求集中在如何获得增量市场，自身业务体系不断壮大，期待短期投入以收获成效。正式进入发展期后，企业开始关注效率和质量的提升，而成熟期的企业则更看重资源配置优化和组织系统，寻求服务商更具开放的生态，将数字化融入企业的“毛细血管”，从成本管控、效率提升、资源拓展、架构灵活、创新赋能等方面综合实现企业发展质量的进阶。低代码架构如图5－3所示。

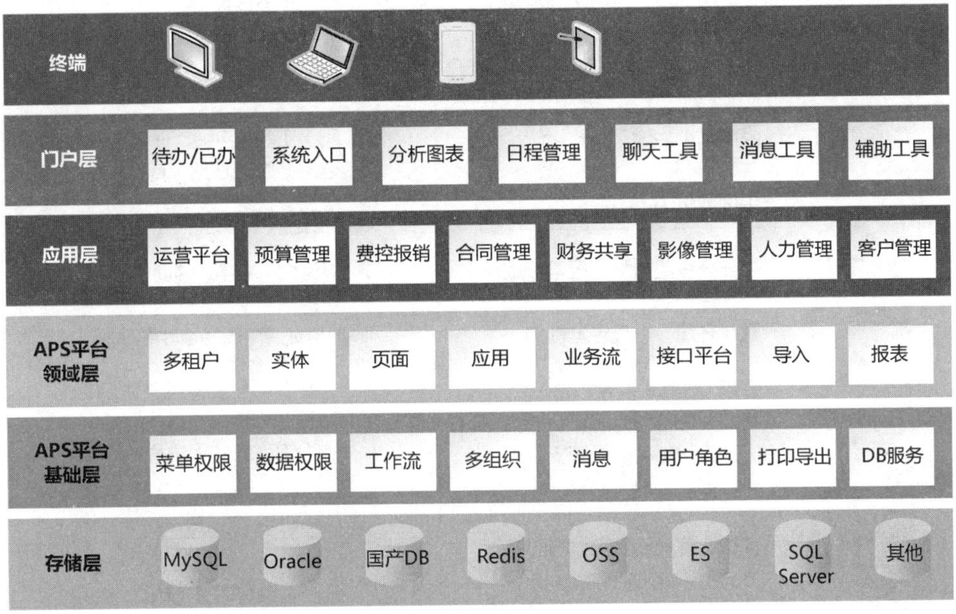

图5－3　数字化转型低代码架构

（四）相比传统模式，SaaS模式更契合中小微企业数字化转型需求

对于数字原生型中小微企业来说，SaaS系统底层数据标准化程度和联通性较强，企业在运用SaaS进行数字化过程中仅需注重各阶段的业务

重心和产品的选择。在初创期，中小微企业对工商财税法等刚需工具和代记账等初级管理类 SaaS 有较强需求。在探索期，互联网营销对中小微企业来说性价比最高，处于探索期的中小微企业大多青睐模块简单、轻便灵活的营销获客类产品，对短信、线上商城、呼叫中心等 SaaS 产品需求提升。在发展期内，企业产品运营从粗放式运营向精细化运营过渡，节流的方法从人为控制向预算管理转变，企业对 SCM、SCRM、HRM 等 SaaS 产品需求增加，发展期中小微企业也逐渐重视经营及节资方面的应用。在扩张期内，企业内部数据沉淀增多，业务和组织架构走向成熟，如何有效挖掘数据价值是该阶段中小微企业的重要课题，因此，构建数据中台和业务中台，重视协同办公、项目管理、数据分析类 SaaS 的应用更契合企业的需求。基于生命周期的 SaaS 产品应用场景如图 5－4 所示。

	数字化需求特点	SaaS产品应用
初创期	基础企业服务 工商财税法	➢ 刚需工具+初级管理 ➢ 建站、工商注册、商标注册、代理记账等
探索期	存在获客能力弱、经营模式单一等短板 **重在开源**，提高经营能力	➢ 轻量营销+经营辅助 ➢ 对短信营销、线上商城、呼叫中心等营销SaaS有需求
发展期	**开源+节流：**向预算管理过渡，业务与财务对接，对内优化流程削减必要开支	➢ 差旅和采购是中小微企业节流主要场景，对ERP、报销软件等SaaS的需求增加
扩张期	**提效：**优化组织架构和管理方式，强化业务创新	➢ 内部协同+中级管理 ➢ 协同办公、项目管理、数据分析等SaaS需求增加

图 5－4　基于生命周期的 SaaS 产品应用场景

二、中小企业财税数字化转型实践

航天信息旗下云享科技紧贴国家最新政策，面向中小企业数字化转型需求，利用大智移云技术，打造数字化系列产品，让中小企业能够以低成本高效益的方式享受到数字化服务，为中小企业数字化转型提速赋能。

（一）中小企业票据档案管理的好帮手——财智存

1. 产品业务流程

票据电子化应用及存储成为刚需，电子票据需要电子化手段去应用，实现数字化、智能化、智慧化。财智存帮助财务、业务人员通过多种方式进行发票的采集，实现自动验真查重，自动生成满足政策要求的台账及档案信息，是中小企业票据档案管理的好帮手。产品业务流程如图 5－5 所示。

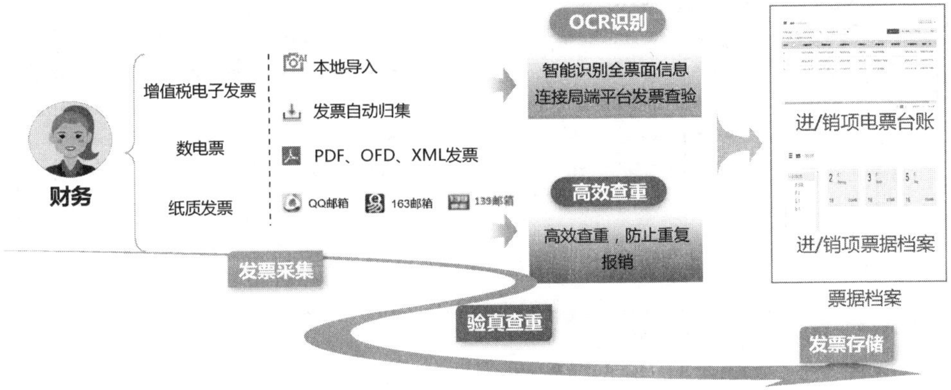

图 5－5　产品业务流程

2. 产品基本功能

财智存实现了八大亮点功能，支持票据灵活采集、自动验真查重等功能，如图 5－6 所示。

图 5-6 产品亮点功能

（1）灵活采票、批量查验。提供文件导入、邮箱导入、自动归集多种采集方式，满足多样化采票需求。

自动查重、批量验真，防范发票重复报销、入账，如图 5-7 所示。

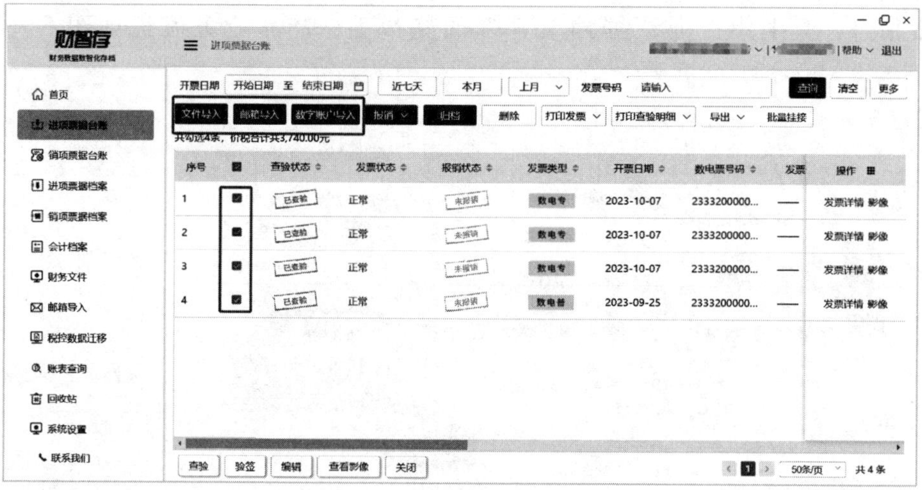

图 5-7 票据采集方式

（2）缩微打印、台账智能导出。支持缩微打印，可预览打印效果并批量打印，节省纸张成本，如图 5-8 所示。

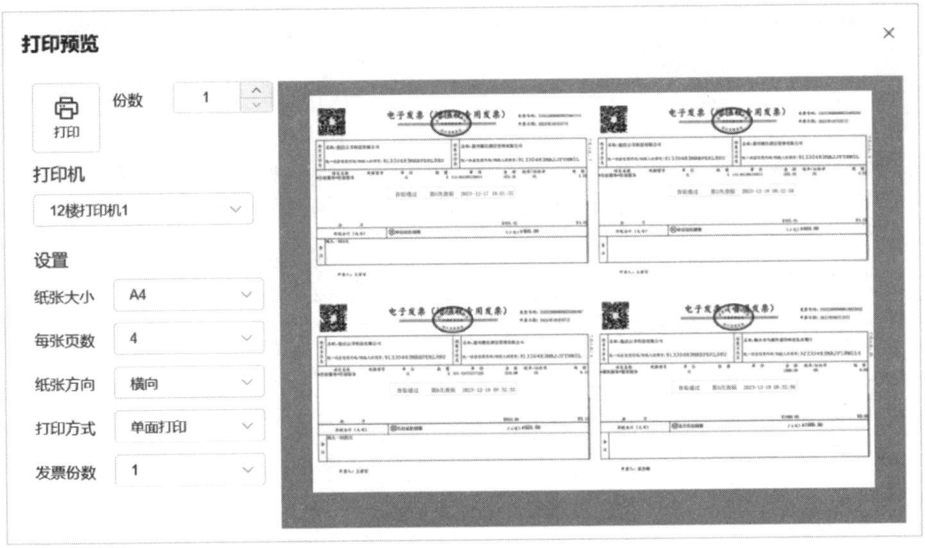

图 5－8　打印预览

（3）XML 数电票预览，提高审核效率。自动将 XML 格式转化为可预览的票面详情，方便财务人员快速查看票面信息，如图 5－9 所示。

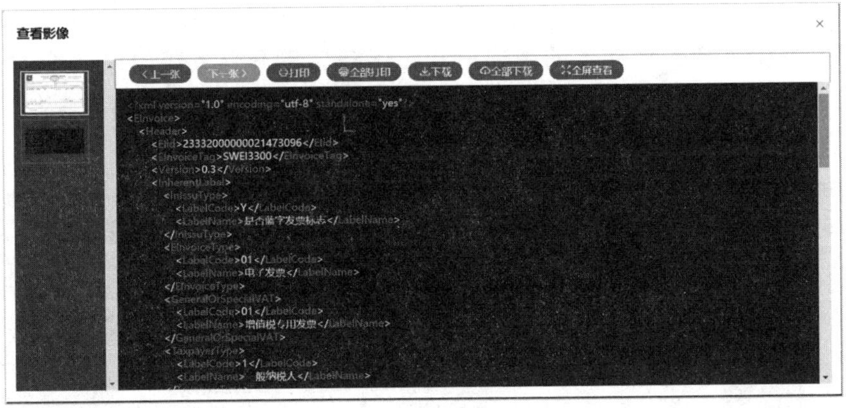

图 5－9　数电票预览

（4）自动归档，合规存储。电子发票采集同时按年＋月目录结构自动形成票据档案，如图 5－10 所示。

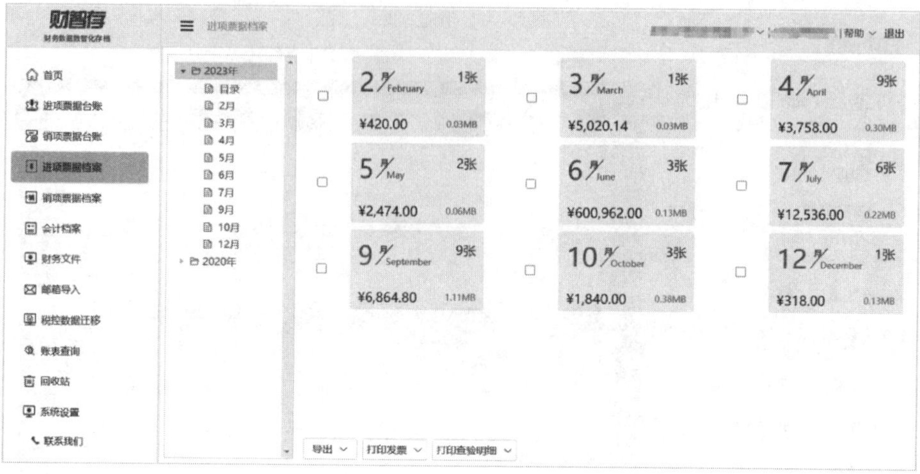

图 5 - 10　票据档案

（二）报销场景全覆盖——财智云 · 费控

1. 产品架构

财智云 · 费控是航信云享科技打造的智能费用报销系统，适用于成长型未使用报销系统的中小企业。聚连生态，打通企业发票—报销—归档全流程。享受灵活、低成本的智能财务云服务，提升财务部门敏捷能力，释放财务创造力，打造小而美的智能财务服务体系，如图 5 - 11 所示。

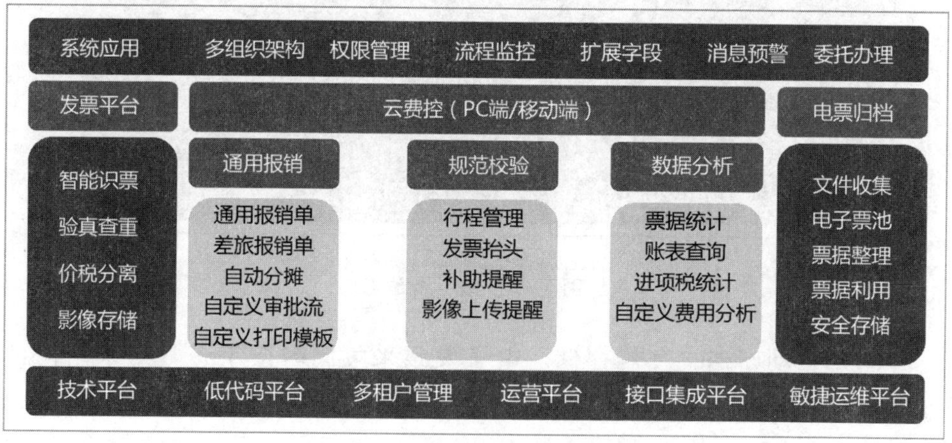

图 5 - 11　云费控产品架构

2. 产品基本功能

财智云·费控支持 PC 端和移动端使用，产品定位为发票—报销—归档的电子化报销平台，如图 5－12 所示。

图 5－12 产品界面

（1）便捷合规的票据管理。支持 PC 端、移动端双端录入发票，支持图片导入、微信卡包导入、邮箱导入、短信链接、拍照、高拍仪、扫描仪等多方式采集，如图 5－13 所示。支持多张混扫，支持采集数电票（铁路电子客票）、数电票（航空运输电子客票行程单）、财政电子票据、电子非税收入一般缴款书等全票类信息，形成员工个人票夹及企业票据池列表。

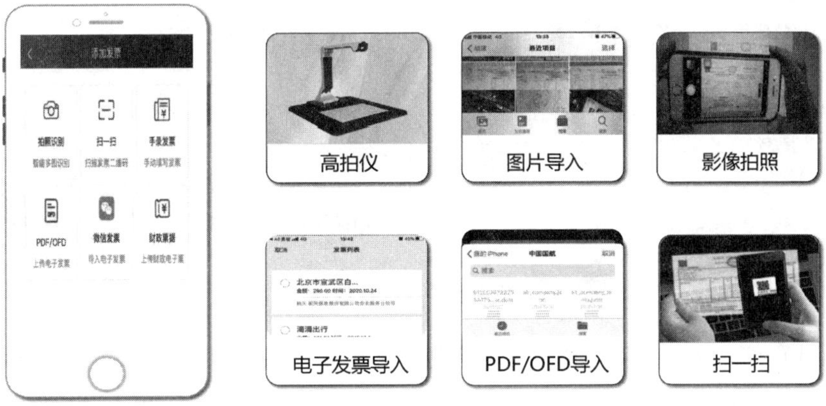

图 5－13 票据采集方式

通过 OCR 识别技术，实现智能识别，提取全票面信息，自动查验，如图 5－14 所示。

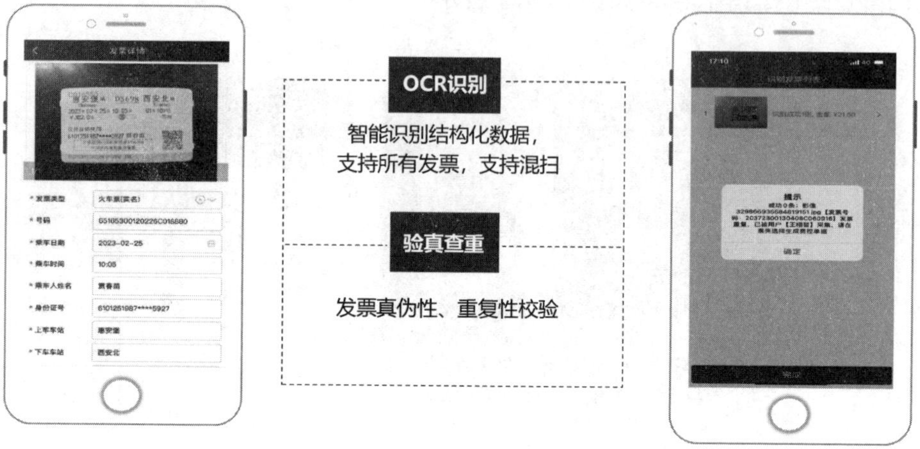

图 5－14　票据 OCR 识别

（2）支持引入发票，实现智能报销。选择发票发起报销，自动填写报销单信息，自动价税分离，报销更便捷高效，如图 5－15 所示。

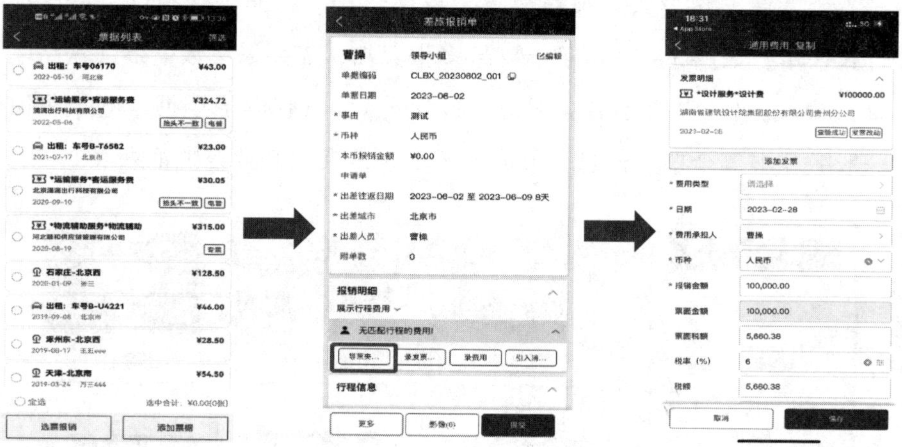

图 5－15　智能报销

（3）纸电核对智能收单。传统财务复审环节，需要核对纸质发票与系统中上传的影像是否一致，重复、低值、无效，系统提供智能收单环境，使用扫描仪或高拍仪扫描纸质发票，系统二次 OCR 识别，自动将纸质票据与影像进行核对，如图 5－16 所示。

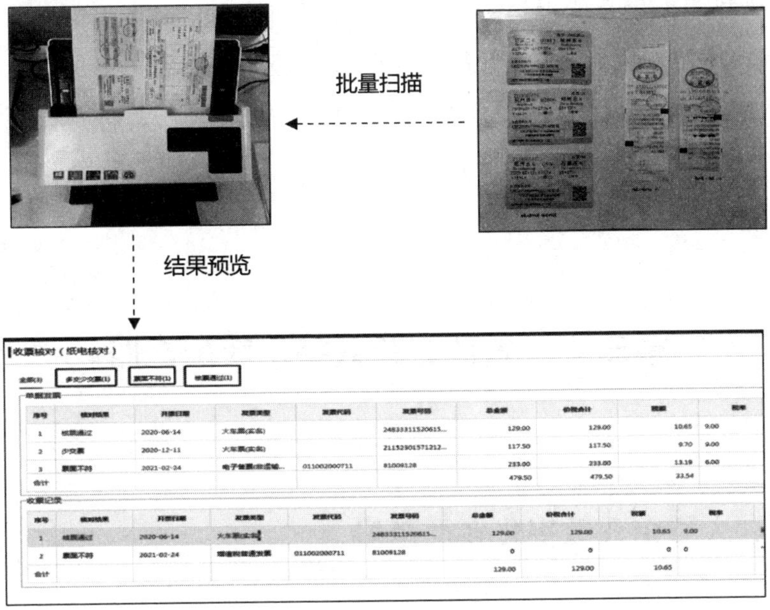

图 5－16 智能收票

（4）多样分析维度，实时数据分析。提供发票统计、报销单统计等常用数据分析报表，数据可以传统查询，支持移动端便捷查看数据图表，如图 5－17 所示。

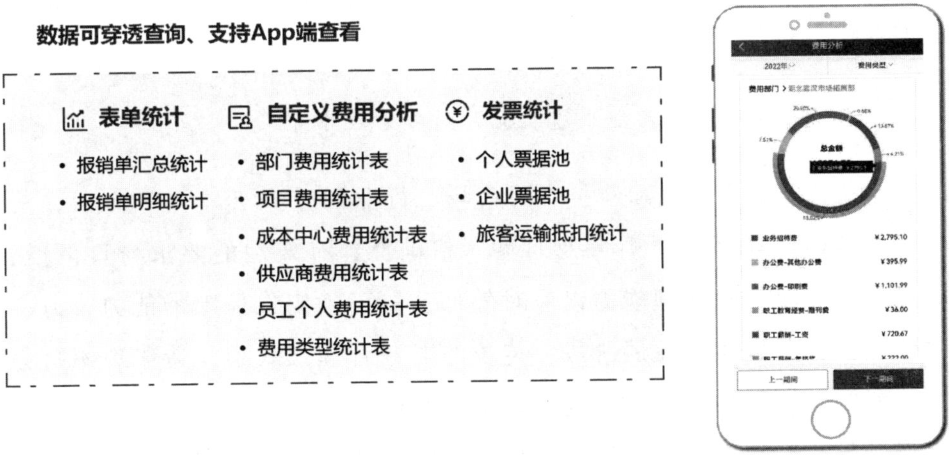

图 5－17 数据统计

3. 客户价值

发票智能采集智能报销，节省报销时间和精力，让员工更满意；提供全流程管理，缩短审批流程，简化财务入账程序，节省人工成本。通过系统把控，省去财务人员的烦琐劳动，提高工作效率，让财务更高效；多维度管控，助力企业降本增效，满足政策合规，降低企业风险，让老板更放心。

第三节　大型企业数字化转型之路

一、大型企业数字化转型策略

大型企业多处在关系国家经济命脉和国计民生的关键领域，其核心地位和重要性决定了在应对企业内外部风险上不容有失。数字化转型正是有效防范风险、为不确定性注入确定性的关键路径。财务部门作为企业的数据处理中心，往往成为企业数字化转型的先行者，也是贯通企业全面数字化转型的中枢系统，财务数字化转型的实施成效决定了企业整体的数字化转型进程。

（一）对标世界一流企业建设提升财务管理水平

伴随着经济全球化和新技术对市场、行业的重塑变革，一方面，复杂多变的国内外环境对财务及时性、精确性、有效性的要求与日俱增，财务必须不断优化管理能力以应对外部环境不确定性风险的能力；另一方面，在我国高质量发展阶段，传统的财务管理模式容易造成集团财务管控薄弱、资金使用效率不高、资本运营能力不足等问题，国有企业在对标世界一流管理能力、建设世界一流财务水平的过程中仍有较大提升空间。

（二）支撑集团企业精细化管理

“金税四期”上线后，对企业税务管理规范化、数字化程度提出了更高的要求。面对税务政策的变化，许多大企业还存在“信息孤岛”手工作业等现象，无法支撑集团统筹管理和未来发展。“金税四期”智慧税务系统建设具备较高的先进性，已远远超过中国企业税务信息化系统的建设步伐。企业税务系统建设，必须适应局端信息化建设和精确执法、精细服务、精准监管、精诚共治业务战略的要求，必须对企业自身税务系统数字化升级，包括企业内部风险防控体系建立，全面应对或高于“金税四期”，全面推动企业上下游系统数字化改造和升级。本着遵循国家政策导向，顺应市场发展趋势，与市场发展方向高度契合的原则，财税数字化转型的成功落地，也将是税企信息化同频建设、提高集团财税信息化生产力、推动建设对标世界一流财税管理的一大重要举措。

（三）充分运用数字化技术引领数字化转型

新兴数字技术的不断演进，重塑了各个行业的发展格局。大型企业应顺应数字经济发展趋势，主动拥抱数字化变革，积极应对数字革命给企业生产经营和决策管理带来的影响，以数字化转型带动业务模式和内部管理的重构，提质降本增效，坚定不移走高质量发展之路。应推进统筹规划，打造一体化数字平台，依托财务共享实现财务数字化转型，以财务数字化转型带动企业整体的数字化转型，持续创新，不断提升企业竞争力，充分发挥大型企业在行业和社会数字化转型中的引领作用。

二、大型企业财务数字化转型实践

2022 年 10 月，国务院国资委印发了《关于中央企业加快建设世界一流财务管理体系的指导意见》，指出推进财务数字化转型需要持续构建智能前瞻的财务数智体系，积极探索依托财务共享实现财务数字化转型的有效路径，推进共享模式、流程和技术创新，从核算共享向多领域共享延伸，从账务集中处理中心向企业数据中心演进。近年来，已经有部分领先的财务共享服务中心开始走向智能化之路，为加速财务数字化转型提供了强大的支撑。

航天信息是中国航天科工集团有限公司（以下简称“航天科工集团”）控股、以信息安全为核心的国有科技型上市公司。2003 年 7 月，在 A 股主板市场挂牌上市，是中国信息技术行业最具影响力的企业之一。自成立以来，航天信息坚持服务国家战略、服务国计民生，承担了国家“金税”“金卡”“金盾”等重点信息化工程。

在财务信息化建设方面，航天信息紧紧围绕国务院国资委、财政部等国家部门政策要求，严格落实航天科工集团财务信息化建设要求，依托自有研发人才及财税信息化积淀，以财务共享中心建设及运营为抓手，开展 ERP 统型、费控系统、财务共享平台、合同管理系统研发及上线、司库系统上线运行，推广应用电子档案系统等工作，推进航天信息全级次单位财务信息化建设。

本节通过对航天信息财务共享服务中心建设及实践剖析，以期对读者在财务信息化建设及应用方面有所启发。

（一）航天信息财务共享服务中心建设背景

航天信息分、子公司及分支机构众多、地域分布广、业务同质性高、经营多元化，传统财务模式下集中管控难度较大。2015 年，航天信息按照航天科工集团《提升财务治理 30 条》要求，开始了解财务共享模式。2016 年，为提高管理效率、降低成本，航天信息规划建设财务共享服务中心，将航天信息体系内大量重复、易于实现标准化、流程化的交易处理及会计核算从分散的业务部门抽出，集中到财务共享服务中心进行流程再造、标准化、集中处理，从而达到提升业务处理效率，进而降低成本、加强管控、提升客户满意度、创造价值。

（二）航天信息财务共享服务中心建设及运营情况

1. 地点选择

考虑到业务开展、人员及成本等各要素，航天信息将财务共享服务中心设置在河北省省会石家庄市。

2. 建设路径

为切实减轻由于急速变革给企业带来的阵痛，航天信息财务共享服务中心的建设采取三步走战略，秉持分布式柔性的建设思路，先从费控入手，开展费用的集中审核与支付，实现费用共享。在运行平稳后，逐步将采购、收入、税金等工作纳入财务共享服务中心。2021 年上线资金结算平台及电子档案系统，将资金支付及档案管理工作纳入财务共享服务中心，实现报销、支付、入账、归档全流程一体化的全业务“财务共享”，并利用数字化、智能化手段，全面提升工作效率和会计信息质量。

3. 建设历程

2015 年，按照航天科工集团《提升财务治理 30 条》要求，开始了解财务共享模式。

2016 年，为贯彻航天科工集团财务治理 30 条，提升航天信息财务信息化水平，打破信息孤岛，提升会计信息质量，航天信息以财务共享服务中心建设为起点，全面提升财务工作效率及会计信息质量，进而降低成本、加强管控、提升客户满意度、创造价值。

2017—2018 年，全面完成 ERP、费控系统的自主研发及建设工作；航天信息全级次单位费用报销初审逐步纳入财务共享服务中心。

2019 年 6 月，航天信息党委正式决定成立财务共享服务中心，作为公司直属的专业化服务支撑机构开展工作，为航天信息全级次单位提供财务专业化服务。

2020 年，完成航天信息全级次单位 ERP 统型，并以 ERP 统型为抓手，逐步将采购、收入、税金等工作纳入财务共享服务中心进行处理。

2021 年以后，为外部客户提供业、财、票、税、档一体化的财务共享解决方案，助力中大型集团企业数智化转型。

2022 年 5 月，按照业务相关性原则，将财务共享项目产业化，设立航信云享科技有限公司（以下简称“云享科技”），承担财务共享运营工作，业务范围涵盖单据审核、全业务核算以及财务共享信息化系统的运营及运维。

（三）航天信息财务共享解决方案

云享科技依托自主研发的“财智云”系列产品，集合费控报销、数字财税、财务共享、电子档案等业务领域，打通消费—报销—财务共享审核—支付—入账—归档全流程，改变传统财务管理和核算模式，助力公司数字化转型。

1. 财务共享总体架构

搭建了前、中、后三位一体的信息系统架构，如图 5－18 所示。

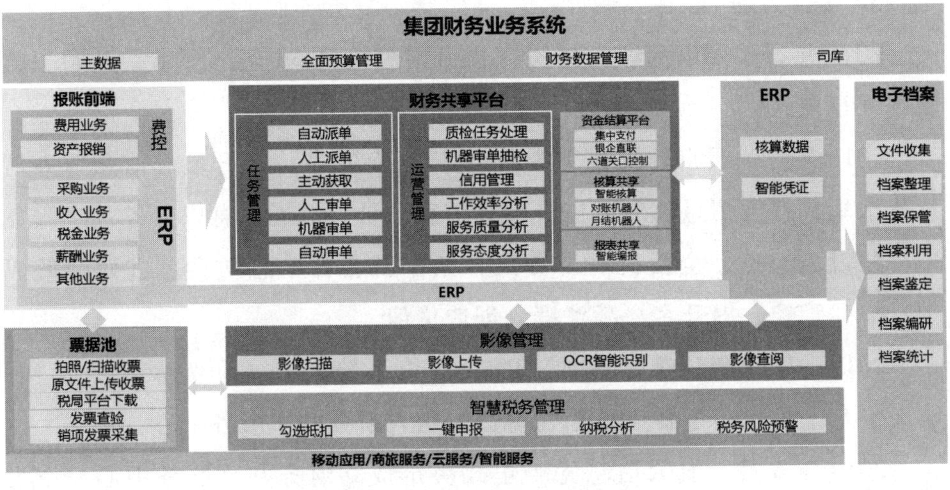

图 5－18 财务共享总体架构

2. 财务共享业务处理流程

业务处理方面，费控作为报销业务前端，与预算、合同系统集成，嵌入票据管理模块，实现对费用支出的全面管控。对于采购到付款、销售到收款、资产管理、成本结转、总账报表等业务，从 ERP 发起业务流程，财务共享平台与费控系统、ERP 系统集成，将报账单以工单化的作业处理方式进行集中处理。财务共享平台与后端 ERP 系统集成，报账单审核完成后自动生成财务凭证。电子档案系统通过与业务、财务系统高度集成，提供档案接收、移交、归档、出入库、检索、借阅、销毁等功能，各系统高度集成，达到业—财—票—税—档一体化的效果。此外，链接航天科工集团主数据、司库等系统以满足集团监管及数据提取、报送的要求。

3. 满足电子凭证会计数据标准接收端深化试点工作要求

云享科技聚焦电子凭证接收端领域，依托强大的团队研发能力，集中优势资源，对核心产品“财智云”进行适应性改造。突破多项关键技术，打造了适配九类电子凭证会计数据标准接收端深化试点要求的全系列、全程数字化产品。创新性地攻克了电子凭证与传统纸电凭证合并混采识别难题，实现了试点电子凭证与传统纸电凭证统一入口、统一菜单采集，极大提升了用户采集凭证时的易用性和体验感，为电子凭证全面推广提供产品保障。航天信息体系内六家接收端试点单位及体系外十余家电子凭证接收端试点单位应用“财智云”系列产品全面实现了试点电子凭证的接收、解析、报销、入账、归档全流程数字化，满足了接收端试点单位关于电子凭证会计数据标准深化试点的工作要求。

（四）航天信息财务共享应用价值

1. 集中处理，降本增效

财务共享服务中心通过流程再造、标准化实现了费用、采购、收入、资产、薪酬、税金、总账等业务的集中处理，按职能明确分工，充分发挥人员专业优势，提升服务质量，实现降本增效。充分运用大数据、云计算、人工智能、RPA 等新兴技术，打造“数字助理”（虚拟员工），不断提升单据审核及业务处理的自动化率。公司报销效率提升 80%，业务单据审核效率提升 75%，业务单据审核成本降低 50%，财务核算质量、集团管控水平及员工满意度大幅提升。

2. 资金管控，防范风险

根据航天科工集团司库体系建设的要求，财务共享服务中心建立了资金支付的数字化管理平台，打造以预算管理为主导、以合同管理为源头、以账户管理为抓手、以统一结算通道为基础、以现金流量管控为支撑的资金在线集中管控模式，使资金运作更加高效，支付效率显著提升。并与航天科工集团主数据系统集成，贯通业务流、数据流，落实资金业务事前防范、事中控制、事后追溯的管理要求，实现资金“看得到、管得住、用得好”，全面提升财务管理精益化、集约化、智能化水平。

3. 全程影像，自动归档

随着电子档案的应用，财务共享服务中心协助航天信息所属单位建立起了电子档案系统，实现了纸质单据电子化、电子票据无纸化、电子归档自动化，支持电子档案与对应业务单据双向联查。目前各使用单位的记账凭证、会计账簿、会计报告的电子化比例达100%，档案归档、存储成本大幅降低。电子档案的上线，便于审计人员异地远程查阅，提高了工作效率，缓和了审计资源不足的矛盾；电子档案信息的统计与分析，有利于提高审计工作的深度，减少审计风险，也为纪检监察提供重要依据与方向，是纪检工作的重要信息基础及决策参考。

4. 数据驱动，辅助决策

财务共享服务中心的建设，使财务作为天然数据中心的优势得到充分发挥，实现以核算场景为基础向业务场景为核心的转换，从流程驱动走向数据驱动并重，从核算走向支撑决策、服务业务、创造价值、管控风险的方向发展，助力公司数智化转型升级。财务共享服务中心聚焦财务数智化建设，利用数字技术加强财务分析，以数据为核心，充分挖掘数据价值，提炼分析重点经营数据、穿透数据监测明细、可视化展示经营成果、移动实时快捷查看，让数据“会说话”，打造管理驾驶舱，提升决策支持能力，防范财务风险，支撑公司高质量发展。

5. 人才培养，转型升级

财务共享服务中心的建设使基层财务人员从繁杂的业务处理与核算中解脱出来，推动企业财务会计向管理会计转型，利用财务的专业优势和数据优势，开展业务支持和决策支持工作，有效提升企业财务管理水平。航天信息财务共享服务中心从建设至今，财务人员减少了近30%。财务共享服务中心作为天然的专业技术支持中心，也是公司人才培养中心，助力航天信息构建战略财务、业务财务、共享财务专业人才梯队，完善体系内财务人员的招聘、培养及晋升通道。

综上所述，航天信息财务共享服务中心的建立彻底改变了航天信息管理信息系统不统一、信息孤岛的现状，实现了一个系统、一个库、一套账、一张网、一朵云，高度集成、高效易用。经营和财务数据的集中，为航天信息数字化转型奠定了良好基础。财务共享相关系统完全由航天信息自主研发，进行了国产化适配，安全可靠。此外，财务共享服务中心不断总结自身实践，在航天科工集团内部进行验证探索的基础上，由内到外逐步拓宽财务共享业务外部市场，先后落地中国航天建设集团有限公司（中国航天科工七院）、中国航天汽车有限责任公司、衡阳金果投资有限责任公司、山东中烟工业责任有限公司、广西壮族自治区卫生健康委员会等多个项目。为外部集团型企业客户提供财务共享建设及咨询服务，提供业、财、票、税、档一体化的财务共享产品及解决方案，助力集团型客户数字化转型。

附 录

附录A 概念延伸

一、会计数据及数据标准

会计数据主要包括伴随生产经营活动或计划（预算）执行过程中产生而引起资金增减变动的原始数据，也包括并不引起资金增减变动但需要在会计核算中记录和反映的客观事实，是各种未经加工的数字、字母与特殊符号的集合。

从会计数据和信息的加工处理流程来看（确认、计量、输入、储存、处理、传递、反馈、输出、发布），可以把会计数据分为三类：原始会计数据、中间会计数据和会计信息、发布的会计信息。

（一）原始会计数据标准

原始会计数据主要形成于业务活动，包括销售、采购、生产、投资、融资、资产管理等。这些业务活动产生的交易、事件和事项都需要进行会计处理，形成会计的原始数据。

会计的原始数据不仅来源广泛，而且文件格式不统一，有纸质的，有电子的；有包括票、账、表、钱、税等的结构化数据格式，也有包括文本、图像、音视频、社会网络关系等的非结构化数据格式。在以纸本为数据主要载体的情况下，文件的制作、数据的生成、文件的传递、数据真实可靠性的判断、业务实质的甄别、财务核算、会计数据文件保管、数据查询、政府监管等产生了巨额的社会交易成本。

公开资料显示，京东每年纸质发票的使用超过5亿张，成本超过5000万元，推算中国全社会每年发票的开具量约为3000亿张，每年纸质发票的成本高达300亿元。纸张成本还仅仅是纸质发票的其中一环。开具发票还需要油墨以及保管、寄送等各环节的成本。据统计，平均寄送一次发票的成本在6元左右，以当前全社会3000亿张的纸质发票数量计算，假设一半需要寄送，每年寄送成本高达9000亿元。

（二）中间会计数据和会计信息

资源合理利用是人类一直以来面临的管理课题。1946年，世界上第一台计算机问世，计算机作为一种能够部分替代人脑工作的现代数据处理设备迅速发展起来。计算机的发明及应用，也将会计工作从以纸本为核心的时代向以电子计算机为主的电算化时代转变，现代化的会计信息管理方式应运而生。

会计数据及会计信息的管理目前经历了三个阶段，第一阶段是电算化阶段，从手工填制账本到电子计算机会计核算，会计人员将会计数据手工录入到计算机中对业务活动进行记录；第二阶段是ERP（企业资源管理系统）阶段，ERP厂商按照对业务的分析设计数据库，每个版本都会根据新的需求来增加或调整以前的数据库，每个公司由于知识产权、竞争、技术等因素，一般都不对外公开数据库的设计，因此在使用及企业成长过程中出现了会计数据和信息格式不兼容的情况。2004年9月20日，我国国家标准委员会制定了GB/T 19581—2004《信息技术会计核算软件数据标准接口》，解决了不同软件之间数据交换形成的障碍，到目前ERP系统被广泛应用；第三阶段是数字化阶段，基于“大智移云物区”技术背景下的智能财务业务平台逐渐成熟，电子凭证推广应用，但是相关标准仍需制定及根据社会环境的变化动态调整。

（三）发布的会计信息

现代经济学已经证明，信息是市场经济有效运行的关键因素之一，信息不对称是制约经济运行方式和经济效率的基本问题（逯东等，2012）。

为维护资本市场的健康发展，优化市场资源配置效率，保护投资者及其他利益相关者的权益，上市公司应当充分披露与利益相关者有关的信息，提高决策有用性。佩顿和利特尔顿（1940）认为，会计的目的是提供企业的财务数据，通过汇集和表述来满足管理人员、投资者和公众的需求。利特尔顿（1953）把会计目标分为中间目标、前提目标和最高目标，其中最高目标是“以数据为手段来帮助人们了解企业”，“为了帮助有关人员认识了解企业实现这一目标，会计必须对数据如是分类、正确浓缩并充分报告”。

然而，会计信息作为会计流程的最终产品，它一直受数据挖掘、获取和信息技术等多种因素的影响。传统的会计信息披露的数据格式中包括TXT、PDF、Word、Excel 等，这些会计信息披露格式很难实现不同形式数据之间的自由转换，从而增加了信息使用者对会计信息对比分析的难度。现阶段诸如数电票、铁路电子客票、航空运输电子客票行程单、银行回单、对账单等电子凭证的开具数出多门，数据标准不统一，也导致接收端处理电子凭证存在接收难、入账难、归档难、利用难等问题。

可以看出，计算机技术的发展极大地改变了会计信息生成、发布及利用的速度、质量和效率。通过数据库安全、防篡改、加密算法等技术会计数据的安全性不断提升，但是要达到会计数据生成、处理、发布、利用全流程电子化仍有较大难度。

二、可扩展商业报告语言

（一）XBRL 的定义

XBRL 国际组织的定义是：XBRL is a member of the family of languages based on XML，or Extensible Markup Language，which is a standard for the electronic exchange of data between businesses and on the inter Under XML，identifying tags are applied to items of data so that they can be processed efficiently by puter software。

XBRL（可扩展商业报告语言，eXtensible Business Reporting Language），是基于 XML（可扩展的标记语言，eXtensible Markup Language）

在财务报告信息交换的一种应用，是目前应用于非结构化信息处理尤其是财务信息处理的最新标准和技术。它对财务数据进行特定的识别和分类，并对财务信息提供更加强大的解释和分析平台。除了不断提高商业报告的透明度，XBRL 在财务报告的使用通过加强计算机系统之间数据流的控制进一步提高了数据的安全。

XBRL 是：

一门语言。它通过特定的词汇和规范的语法来描述财务报告的内容和结构，使计算机能够“读懂”财务报告内容。

一种格式。如同 Word、Excel、PDF、HTML 等文件类型，XBRL 是储存和传递财务报告的另一种形态，具有其他格式无可比拟的优势，更适于财务报告。

一套标准。XBRL 应用建立在一套标准体系之上，包括技术层面和业务层面标准。XBRL 应用软件和电子财务报告共同遵循这些标准，从而实现 XBRL 的优势。

对 XBRL 的简单定义如图 1 所示。

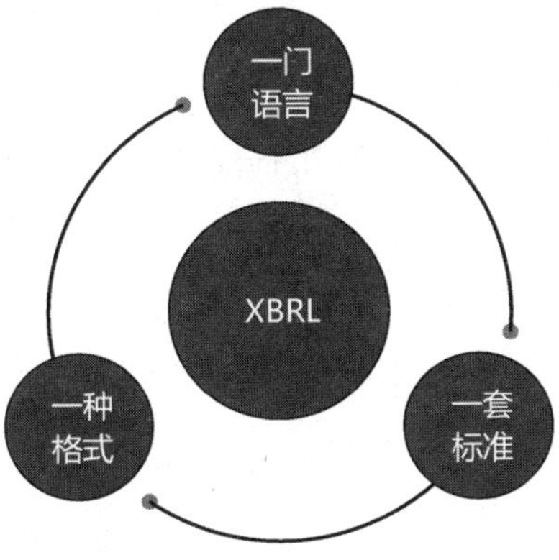

图 1 XBRL 的概念

通过专门的 XBRL 软件或者财务软件中的 XBRL 模块可以制作生成 XBRL 格式财务报告。

（二）可扩展商业报告语言的发展历程

XBRL 和 XML 的前身是 HTML（超文本标记语言，Hyper Text Markup Language）。在网络发展初期，为了在网络上创建一个主页，或者使其他网络用户可以访问在某一网络节点储存的数据资料，人们使用了一种被称为超文本标记语言（HTML）的编程语言。

HTML 提供了一系列命令，用户能够使用一种标准格式存储数据资料并可以被所有的网页浏览器访问。从积极的方面讲，HTML 易于快速开发通过浏览器显示内容的网络应用，这也使其曾经成为最成功的电子发布语言。然而，从本质上，HTML 只是描述了应该如何在一个网页上摆放文本、图片和按钮，提供了在页面上显示信息的通用方法，而没有上下文链接和动态数据功能。

为了提高信息的标准化、通用性和一致性，使其适应于在各种不同的系统间的交换传输，万维网联盟（W3C）于 1998 年创造了 XML 以克服 HTML 的众多缺陷。XML 继承了标准通用标记语言的大部分功能，却使用了不太复杂的技术。XML 的宗旨是传输数据。其设计思想也很简单，即使用标签来说明信息是什么而不定义它看起来如何。XML 提供一系列的规则，任何人都能遵循这些规则创作一种标识语言，并被语法分析程序处理。XML 的简单使其易于在任何应用程序中读写数据，这使得 XML 很快成为数据交换的唯一公共语言。它不专属于任何一家公司，不必担心 XML 技术会成为少数公司的盈利工具，XML 也不依附于特定的浏览器。正因为这些技术优势，XML 技术被广泛应用于医学、农业、制造业等众多专业领域，而其在会计领域的应用就造就了 XBRL。XML 数据格式如图 2 所示。

```
<单位 性质="国家机关">
  <名称>中华人民共和国财政部</名称>
  <地址>北京市西城区三里河南三巷3号</地址>
  <电话>
      <区号>010</区号>
      <本地号码>68551114</本地号码>
  </电话>
</单位>
```

一段XML代码，清晰地表述了财政部的相关信息以及信息间的关系。例如，计算机能够知道“区号”和“本地号码”都是“电话”的子信息项。

图 2　XML 格式数据

XBRL 的理念是把当代最先进的生产方式（Drucker，2007）应用于会计信息的生产和消费，是标准化大生产与针对客户需要的可定制性的完美结合。XBRL 的主要技术特点有：数据的标准化、良好的可定制性、网络交互的便利性。XBRL 的技术特点是由其技术体系结构决定的。现行的 XBRL 技术采用了“积木式”和“可插拔式”的体系结构，为未来的扩展预留了空间。所谓“积木式”，是指 XBRL 技术体系采用层叠型的结构，按照 XBRL 国际组织发布的 XBRL 规范，XBRL 技术体系结构分为三层：技术规范层、分类标准层和实例文档层，其中每一层根据需要还可以分为若干子层，比如，目前我国把分类标准层划分为企业通用分类标准和扩展分类标准两个层次，扩展分类标准又可分为行业扩展分类标准、监管扩展分类标准和企业自行扩展分类标准。所谓“可插拔式”，是指 XBRL 的语法规范和分类标准层可分别由多个相互独立的模块组成。这些模块可根据需要随时添加以适应新的使用要求。

（三）可扩展商业报告语言的技术规范

XBRL 以 XML（可扩展标记语言）为基础，采用纯文本和规范的格式对信息项（元素）进行标记。由于所有信息系统（包括计算机和移动设备）都能打开和处理纯文本文件，因此 XBRL 可应用于各种信息系统并实现跨平台的信息交换。

XBRL 使用 XML 语法对信息元素进行标记，并通过“弧”（特定的元素类型）表达元素间关系。这种标记和表述使用统一规范的词汇和语法，因此能被 XBRL 应用程序解析（读懂）和处理。规定这些标准词汇和语法的就是 XBRL 技术层面的标准，称为技术规范。XBRL 技术规范由 XBRL 国际组织制定，以确保词汇和语法的全球一致，实现 XBRL 这门语言的国际通用性。我国的 XBRL 技术规范系列国家标准，就是以 XBRL 国际组织制定的技术规范为基础。

（四）可扩展商业报告语言的分类标准

XBRL 分类标准是 XBRL 的核心内容，是实施 XBRL 的必要前提，它规范了公司如何将现有的财务报告里的信息按照 XBRL 的格式生成标准化的 XBRL 实例文档。

分类标准为企业财务报告中的每个项目编制独一无二的代号编码。应用软件根据分类标准来处理 XBRL 报告。分类标准通过既定的语法“告诉”应用程序一系列规定：某类报告包括哪些元素？元素之间的结构和计算关系是怎样的？如何展示一份报告？应用程序实施这些规定，就能对报告进行切合业务逻辑、智能化的处理。一般情况下，如果业务逻辑发生了变更，只需要对分类标准进行修订，而无须对众多应用软件进行改动。XBRL 分类标准的充分性和完整性决定了 XBRL 财务报告信息的充分性。

分类标准由一个 taxonomy. xsd 文件和五个 Link base 文件（分别是 calculation. xsd、definition. xsd、label. xsd、presentation. xsd、reference. xsd）组成。详见图 3。

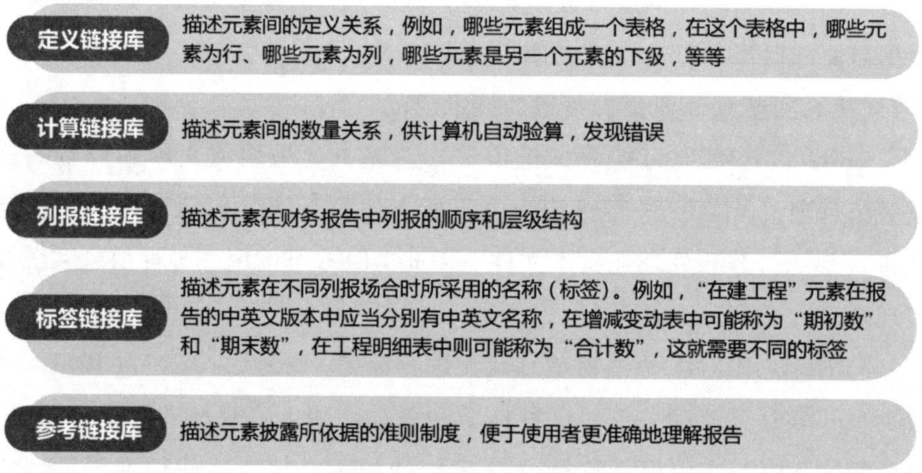

图 3 分类标准的构成

（五）可扩展商业报告语言的实例文档

实例文档是根据企业实际财务报告与分类标准的一一对应关系，将一份普通财务报告改为由 XBRL 编号代码组成的 XBRL 标准格式财务报告，通过应用软件，供财务报告需求方阅读财务报告、采集数据、对比分析信息。

XBRL 格式的财务报告文件通常被称为 XBRL 实例文档，普通财务报告在 XBRL 技术规范和分类标准联合作用下生成实例文档，即 XBRL 标准财务报告，方便信息使用者查阅分析。实例文档是包含财务报告实际数据的 XML 文件。

实例文档中的数据，与（扩展）分类标准中模式文件定义的元素存在着对应关系（由于同一个元素可能有多个数据，例如期初值和期末值，还有的元素属于没有实际数据的抽象元素，例如表格名称，以及其他原因，元素和数据不一定是一一对应关系）。一份实例文档加上它所依据的（扩展）分类标准，才能组成一套完整的 XBRL 财务报告。详见图 4。

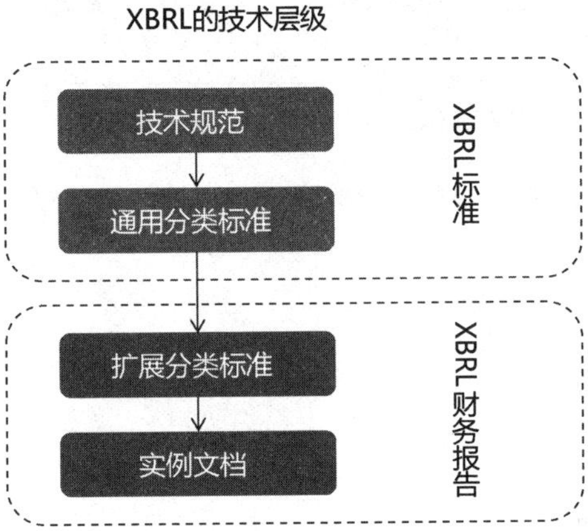

图 4　XBRL 技术层级

可见，XBRL 财务报告不仅含有报告中的数据，还自带对数据的描述（元数据），正因为此，计算机才能对 XBRL 报告进行智能化处理。

（六）可扩展商业报告语言技术的应用流程

XBRL 技术应用的流程为：

1. 根据 XBRL 技术规范制定分类标准，形成 XBRL 分类标准文件。

2. 按照分类标准及技术规范的要求，利用相应的软件制作生成 XBRL 实例文档，但其格式不易直接阅读。

3. 利用展示转换工具将实例文档中所包含的财务或商业数据按照财务或商业报告的发布格式进行编排，生成各种格式的报表，供使用者阅读理解。

4. 从实例文档中提取所需要的数据，利用分析处理工具进行处理分析，形成分析结果。

XBRL 生成财务报告的流程详见图 5。

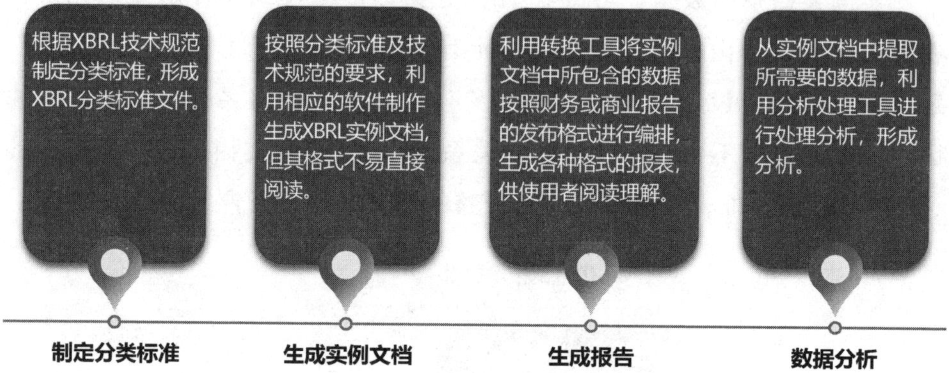

图 5 应用 XBRL 生成财务报告的流程

附录 B　电子发票台账

序号	发票类型	发票代码	发票号码	开票日期	销售方	货物或应税劳务、服务名称	价款	税额	价税合计	电子发票文件名称	报账单位	报销人	报账单号	报账日期	报账金额	档号	保管期限

附录 C　电子会计档案目录

该目录给出了电子会计档案保存时所用的目录文件格式。

档号、保管期限在编号后填写。文件号根据电子会计资料的类别分别填写电子会计凭证号、电子会计账簿号或电子财务会计报告号。电子会计凭证题名填写“摘要”；电子会计账簿题名填写“会计期间+账簿类别”；其他电子会计资料题名填写其实际题名。电子文件名填写电子会计档案的计算机文件名（含扩展名）；数量填写电子会计档案包含的电子文档个数。

序号	档号	文件号	题名	形成日期	保管期限	电子文件名	数量	备注

附录 D　电子会计档案保存信息组织图

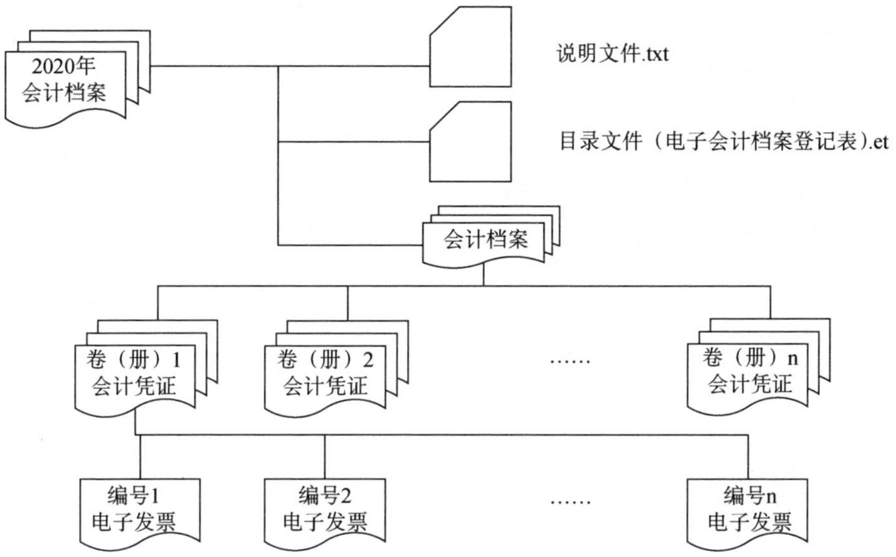

附录 E 电子发票归档登记表

立档单位名称			
电子发票档案年度			
电子发票档案数量		移交数据量	
移交载体类型		载体规格	
审核意见			
归档责任人（签名）		年　月　日	
归档审核责任人（签名）		年　月　日	
企业公章	年　月　日		

附录 F 电子会计档案存储结构图

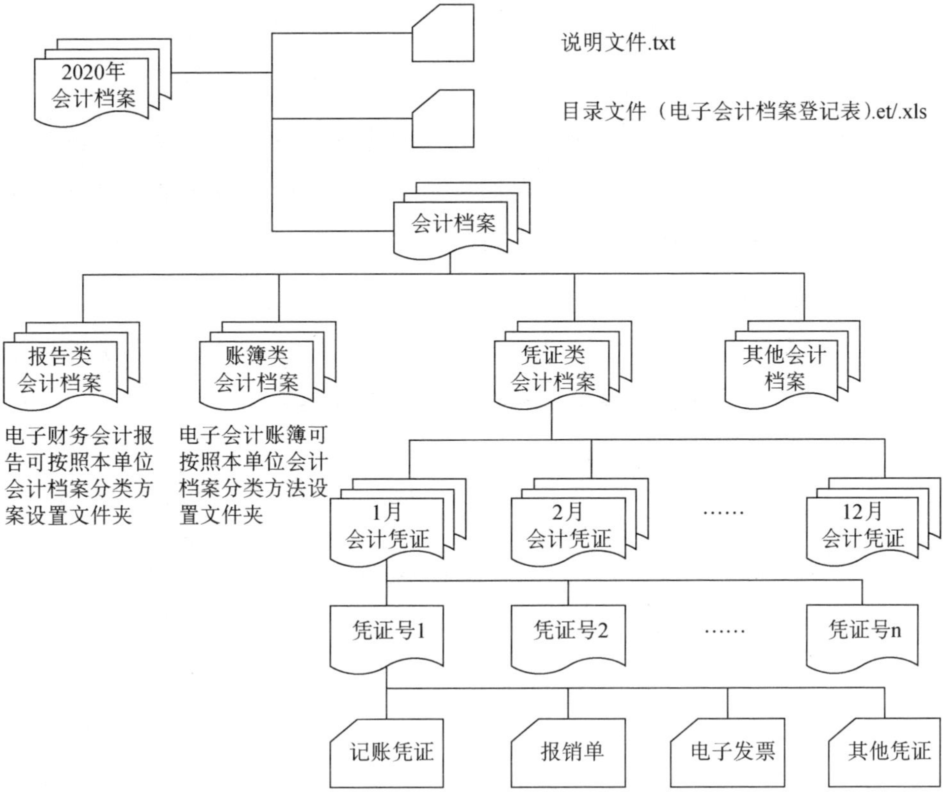

附录G　检测方法

一、归档安全性检测

（一）归档载体安全性检测

主要对归档载体的读取速度与常规读取速度进行比对，人工判断归档载体外观有无划痕、是否清洁，对照国家规定判断归档载体是否符合长期存储要求，以保证归档载体安全、可靠。

（二）电子文件病毒检测

主要对系统环境是否安装杀毒软件、对归档信息包及归档电子发票是否感染病毒进行检测，以保证归档电子文件没有感染病毒。

二、归档电子文件真实性检测

（一）电子文件来源真实性检测

主要通过系统手段对归档电子文件所包含的数字摘要、电子签名、电子印章、时间戳等技术措施进行验证，以保证归档电子文件来源真实。

（二）电子文件内容真实性检测

主要检测归档电子文件的内容数据与元数据或电子台账记录的信息是否一致，检测内容包括电子发票文件名、发票代码、发票号码等，以保证归档电子发票的内容与元数据或电子台账数据一致。

三、归档电子文件完整性检测

（一）电子文件数据总量检测

主要对归档登记的电子发票数量、字节数与实际归档的电子发票数量、字节数是否相符进行检测，以保证归档登记的电子专票与实际归档情况相符。

（二）电子文件内容完整性检测

主要对电子文件是否有对应的内容数据，内容数据是否齐全完整进行检测，以保证电子发票的内容完整性。

（三）元数据或电子台账完整性检测

主要对电子发票元数据或电子台账是否齐全、完整进行检测，逐项比对电子发票内容数据与元数据或电子台账记录的数据，以保证元数据或电子台账记录的数据齐全、完整。

四、归档电子文件可用性检测

（一）元数据或电子台账可用性检测

主要对元数据或电子台账是否可以被正常访问、解析、读取进行检测，以保证元数据或电子台账的可访问性、可读性。

（二）电子文件内容可用性检测

主要对电子文件的数据格式是否符合归档要求、内容数据是否可以被正常浏览进行检测，以保证电子文件格式符合归档要求、内容数据可读。

（三）电子文件软硬件环境检测

主要对电子文件的软硬件环境进行合规性检测，判断软硬件环境是否符合长期保管要求，以保证电子文件的软硬件环境符合归档要求。

附录 H　红字发票信息确认单

红字发票信息确认单

填开日期：　年　月　日

<table>
<tr><td rowspan="2">销售方</td><td>纳税人名称
（销方）</td><td></td><td rowspan="2">购买方</td><td>纳税人名称
（购方）</td><td colspan="2"></td></tr>
<tr><td>统一社会信用代码/纳税人识别号
（销方）</td><td></td><td>统一社会信用代码/纳税人识别号
（购方）</td><td colspan="2"></td></tr>
<tr><td rowspan="11">开具红字发票确认信息内容</td><td>项目名称</td><td>数量</td><td>单价</td><td>金额</td><td>税率/征收率</td><td>税额</td></tr>
<tr><td></td><td></td><td></td><td></td><td></td><td></td></tr>
<tr><td></td><td></td><td></td><td></td><td></td><td></td></tr>
<tr><td></td><td></td><td></td><td></td><td></td><td></td></tr>
<tr><td></td><td></td><td></td><td></td><td></td><td></td></tr>
<tr><td></td><td></td><td></td><td></td><td></td><td></td></tr>
<tr><td></td><td></td><td></td><td></td><td></td><td></td></tr>
<tr><td></td><td></td><td></td><td></td><td></td><td></td></tr>
<tr><td></td><td></td><td></td><td></td><td></td><td></td></tr>
<tr><td>合计</td><td>—</td><td>—</td><td></td><td>—</td><td></td></tr>
<tr><td colspan="6">一、录入方身份：
1. 销售方□　2. 购买方□
二、冲红原因：
1. 开票有误□　2. 销货退回□　3. 服务中止□　4. 销售折让□
三、对应蓝字发票抵扣增值税销项税额情况：
1. 已抵扣□　2. 未抵扣□
对应蓝字发票的代码：号码：__________
四、是否涉及数量（仅限成品油、机动车等业务填写）
涉及销售数量□　仅涉及销售金额□</td></tr>
<tr><td>红字发票信息确认单编号</td><td colspan="6"></td></tr>
</table>

附录Ⅰ 《关于联合开展电子凭证会计数据标准深化试点的通知》

财政部 税务总局 人民银行 国务院国资委 国家档案局 国家标准化管理委员会 国家电子文件管理部际联席会议办公室 民航局 中国国家铁路集团有限公司关于联合开展电子凭证会计数据标准深化试点工作的通知

财会〔2023〕7号

有关单位：

为深入贯彻党的二十大关于“加快建设数字中国，加快发展数字经济”“推动经济社会发展绿色化、低碳化”的有关精神，按照《中共中央办公厅 国务院办公厅关于进一步深化税收征管改革的意见》《国务院办公厅关于进一步规范财务审计秩序 促进注册会计师行业健康发展的意见》（国办发〔2021〕30号）、《国务院办公厅关于改革完善中央财政科研经费管理的若干意见》（国办发〔2021〕32号）和《会计改革与发展“十四五”规划纲要》（财会〔2021〕27号）等有关要求，财政部、税务总局、人民银行、国务院国资委、国家档案局、国家标准化管理委员会、国家电子文件管理部际联席会议办公室（国家密码管理局）、民航局、中国国家铁路集团有限公司联合组织开展电子凭证会计数据标准（以下简称标准）深化试点工作，现就有关事项通知如下。

一、试点内容

（一）试点目标。

围绕“试数据标准、试技术路线、试推广路径”的工作目标，遵循

"有序扩围，稳中求进"的原则，有序扩大试点电子凭证的种类和开具范围，稳步扩大接收端试点单位范围，进一步优化完善技术路线，建立健全配套制度，加强平台能力建设，探索行之有效的推广方案，为下一步标准的全面推广奠定基础。

（二）试点范围。

1. 扩大试点电子凭证种类。深化试点工作将试点电子凭证种类范围扩大到增值税电子普通发票、增值税电子专用发票、全面数字化的电子发票（以下简称数电票，含铁路电子客票、航空运输电子客票行程单）、财政电子票据、电子非税收入一般缴款书、银行电子回单和银行电子对账单。

2. 扩大开具端试点单位范围。数电票的开具端试点单位范围为数电票试点省份内能开具数电票的所有开票主体，其中，数电票（铁路电子客票）的开具端试点单位范围扩大到中国国家铁路集团有限公司在数电票试点省份的所有开票主体，数电票（航空运输电子客票行程单）开具端试点单位范围扩大到3家航空公司，并新增3家民航销售代理企业（开票范围仅限于试点航空公司）；增值税电子普通发票和增值税电子专用发票的开具端试点单位不变；财政电子票据（不含电子非税收入一般缴款书）的开具端试点单位为中央和浙江省开票单位；电子非税收入一般缴款书的开具端试点单位范围扩大到中央部门、浙江省、陕西省所有执收单位；银行电子回单和银行电子对账单的开具端试点单位范围扩大到拟接入银行电子凭证互联互通平台的所有银行（截至2023年3月共54家）。开具端试点单位名单见附件1。

3. 扩大接收端试点单位范围。为确保试点工作的全面性和代表性，稳步扩大接收端试点单位范围，其中：中央企业76家，中央级行政事业单位45家，金融机构66家。同时，为推动后续标准在全国推广实施，深化试点省份覆盖各省、自治区、直辖市、计划单列市和新疆生产建设兵团，各地试点单位共167家（不含金融机构和各类平台）。接收端试点单位名单见附件2。

（三）试点标准。

本次深化试点的标准包括增值税电子普通发票、增值税电子专用发票、数电票（不含铁路电子客票、航空运输电子客票行程单）、数电票（铁路电子客票）、数电票（航空运输电子客票行程单）、财政电子票据、电子非税收入一般缴款书、银行电子回单和银行电子对账单共9种电子凭证会计数据标准。

二、试点要求

（一）开具端试点单位。

数电票（不含铁路电子客票、航空运输电子客票行程单）、财政电子票据（不含电子非税收入一般缴款书）的开具端试点单位应当按照要求开具（交付）符合相关主管部门有关业务规范的电子凭证；增值税电子普通发票、增值税电子专用发票、数电票（铁路电子客票）、数电票（航空运输电子客票行程单）、电子非税收入一般缴款书、银行电子回单和银行电子对账单的开具端试点单位应当按照要求开具（交付）符合相关主管部门有关业务规范和标准的电子凭证。各开具端试点单位应当遵循方便、高效、经济的原则开具（交付）电子凭证。

（二）接收端试点单位。

各接收端试点单位应当推动本单位及所有具备条件的下属单位全面、深入、充分开展深化试点工作，按照标准及相关技术规范对软件进行配置，接收、解析相关电子凭证，以支持其会计核算系统自动处理，并生成符合标准的入账信息结构化数据文件。各接收端试点单位应当通过完善会计软件验证功能、建立比对机制等方式，对本单位接收到的电子凭证在接收、解析、报销、入账、归档等每个处理环节使用的结构化数据进行全要素验证，确保其真实可靠和未被篡改。

各接收端试点单位可借助财政部提供的免费开源工具包或服务保障单位提供的免费个性化工具包对其会计信息系统进行配置，使其具备接收和解析电子凭证的能力。

各接收端试点单位接收的来源合法、真实的电子凭证，与纸质会计凭证具有同等法律效力。接收端试点单位按照《会计档案管理办法》（财政部 档案局令第79号）和《财政部 国家档案局关于规范电子会计凭证报销入账归档的通知》（财会〔2020〕6号）规定保存接收的电子凭证。

（三）有关平台。

为确保深化试点工作顺利进行，将有关电子凭证开具分发平台、代理记账平台、票务服务平台和政务财务服务平台纳入深化试点范围，充分发挥平台以点带面的引领作用，为标准的全面推广奠定基础。

1. 电子凭证开具分发平台。提供相关电子凭证开具（交付）、分发、互联互通服务的电子凭证开具分发平台，应当根据相关主管部门有关业务规范和电子凭证会计数据标准的要求，完成相关技术改造，确保试点单位可通过其平台开具（交付）和接收符合标准的电子凭证。

2. 代理记账平台。代理记账平台应当按照电子凭证会计数据标准进行配置升级，具备符合标准要求的电子凭证接收、解析等功能，并对电子凭证解析、入账、归档等环节中所使用的结构化数据进行全流程跟踪验证，确保各环节使用的结构化数据与从开具端试点单位接收的结构化数据保持一致。

3. 票务服务平台。具备报销功能的票务服务平台应当对其平台进行配置升级，确保在电子凭证的接收处理过程中，由其平台负责的一个或多个环节上可以提供符合标准要求的相关服务，并对使用的结构化数据进行全流程跟踪验证。

4. 政务财务服务平台。具备公众政务服务、预算管理一体化、内部控制管理一体化、电子档案归档等功能的政务财务服务平台应当对其平台进行配置升级，确保其平台可以提供符合标准要求的相关服务，并对使用的结构化数据进行全流程跟踪验证。浙江省依托政务服务平台继续在全省范围内整体开展试点，深化“多种电子凭证统一标准”一站式服务模式构建。鼓励具备条件的省份依托平台开展区域性、行业性试点。

参加深化试点工作的电子凭证开具分发平台8家，代理记账平台16家，票务服务平台5家，政务财务服务平台13家。有关平台名单见附件 3。

（四）服务保障单位。

各服务保障单位（名单见附件 4）应当基于财政部提供的免费开源工具包开发和发布免费个性化工具包，帮助接收端试点单位降低技术难度和实施成本。

三、时间安排

深化试点工作时间为本通知印发之日至 2023 年 12 月。

（一）印发通知启动深化试点工作，新增开具端试点单位及相关平台完成改造（2023 年 5 月底前）。财政部会同相关部门印发深化试点工作通知，制定完善电子凭证会计数据标准，组织服务保障单位开发工具包。新增开具端试点单位、服务保障单位、电子凭证开具分发平台、代理记账平台、票务服务平台、政务财务服务平台借助工具包，完成相关系统（平台）的技术改造、配置和调试。原开具端试点单位遵循“应开尽开”的原则，继续开具符合标准的电子凭证。

（二）新增接收端试点单位完成改造（2023 年 6 月底前）。新增接收端试点单位完成相关系统的技术改造，确保具备接收（处理）电子凭证的能力。原接收端试点单位对接收到的所有符合标准的电子凭证，继续常态化开展全流程数字化处理。

（三）常态化运行（2023 年 7 月至 9 月）。试点单位实现试点电子凭证的常态化处理和运行，开展数据标准验证工作，并及时报告反馈常态化运行情况及发现的问题。财政部及相关主管部门密切跟踪深化试点情况，及时解决相关政策和技术问题。

（四）开展总结评估（2023 年 10 月至 12 月）。财政部会同相关部门对深化试点工作进行总结评估，形成电子凭证会计数据标准信息化工作规范和软件功能规范征求意见稿，研究制定全面推广方案，为标准的全面推广奠定基础。

四、组织保障

（一）加强部门联动。财政部、税务总局、人民银行、国务院国资委、国家档案局、国家标准化管理委员会、国家电子文件管理部际联席会议办公室、民航局、中国国家铁路集团有限公司健全跨部门联席工作机制，统筹组织深化试点工作，加强部门间沟通协调，按职责分工协调解决相关政策问题。

（二）加强政策保障。根据深化试点工作需求，财政部建立健全各类电子凭证会计数据标准，为推进电子凭证系列国家标准研制、报批和发布奠定基础。同时，在广泛征求意见的基础上，研究制定电子凭证会计数据标准信息化工作规范和软件功能规范，为标准的全面推广提供制度保障。

（三）加强技术支持。充分发挥全国会计信息化标准化技术委员会委员和咨询专家的作用，组成相关工作组，对标准的制定、试点、推广应用提供专业技术支持，及时解决深化试点工作中遇到的技术问题。

（四）加强评估指导。联席工作机制各成员单位加强对深化试点的指导和评估，通过召开座谈会、实地督导、监测分析、动态评估等方式，指导各试点单位按照规定时间和要求完成深化试点任务，确保深化试点工作顺利有序进行。

附件：1. 电子凭证会计数据标准深化试点开具端试点单位名单

2. 电子凭证会计数据标准深化试点接收端试点单位名单

3. 电子凭证会计数据标准深化试点平台名单

4. 电子凭证会计数据标准深化试点服务保障单位名单

附件 1

电子凭证会计数据标准深化试点
开具端试点单位名单

一、数电票（路电子客票、航空运输电子客票行程单）

序号	单位名称
1	数电票试点省份内能开具数电票的所有开票主体

二、数电票（铁路电子客票）

序号	单位名称
1	中国国家铁路集团有限公司

三、数电票（航空运输电子客票行程单）

序号	单位名称
1	中国南方航空集团有限公司
2	中国东方航空股份有限公司
3	四川航空股份有限公司
4	中国航空服务有限公司
5	上海华程西南国际旅行社有限公司
6	上海携程宏容国际旅行社有限公司

四、增值税电子普通发票、增值税电子专用发票

序号	单位名称
1	国家电网有限公司

五、财政电子票据（不含电子非税收入一般缴款书）

序号	单位名称
1	中央和浙江省开票单位

六、电子非税收入一般缴款书

序号	单位名称
1	中央部门、浙江省、陕西省所有执收单位

七、银行电子回单和银行电子对账单

序号	单位名称
1	中国工商银行股份有限公司
2	中国农业银行股份有限公司
3	中国银行股份有限公司
4	中国建设银行股份有限公司
5	交通银行股份有限公司
6	中国邮政储蓄银行股份有限公司
7	中信银行股份有限公司
8	中国光大银行股份有限公司
9	招商银行股份有限公司
10	上海浦东发展银行股份有限公司
11	中国民生银行股份有限公司
12	华夏银行股份有限公司
13	平安银行股份有限公司
14	兴业银行股份有限公司
15	广发银行股份有限公司
16	渤海银行股份有限公司
17	浙商银行股份有限公司
18	恒丰银行股份有限公司
19	北京银行股份有限公司
20	南京银行股份有限公司
21	苏州银行股份有限公司
22	江苏江南农村商业银行股份有限公司
23	宁波银行股份有限公司
24	浙江泰隆商业银行股份有限公司
25	浙江稠州商业银行股份有限公司
26	杭州银行股份有限公司
27	浙江农村商业联合银行股份有限公司
28	温州银行股份有限公司

续表

序号	单位名称
29	台州银行股份有限公司
30	绍兴银行股份有限公司
31	金华银行股份有限公司
32	湖州银行股份有限公司
33	徽商银行股份有限公司
34	安徽省农村信用社联合社
35	泉州银行股份有限公司
36	江西银行股份有限公司
37	九江银行股份有限公司
38	齐鲁银行股份有限公司
39	威海市商业银行股份有限公司
40	山东省农村信用社联合社
41	湖北银行股份有限公司
42	汉口银行股份有限公司
43	广州银行股份有限公司
44	广州农村商业银行股份有限公司
45	广西北部湾银行股份有限公司
46	桂林银行股份有限公司
47	重庆银行股份有限公司
48	重庆三峡银行股份有限公司
49	重庆农村商业银行股份有限公司
50	成都银行股份有限公司
51	成都农村商业银行股份有限公司
52	四川省农村信用社联合社
53	西安银行股份有限公司
54	长安银行股份有限公司

附件 2

电子凭证会计数据标准深化试点
接收端试点单位名单

一、中央企业（76 家）

序号	单位名称
1	中国中信集团有限公司
2	中国邮政集团有限公司
3	中国烟草总公司
4	中国核工业集团有限公司
5	中国航天科技集团有限公司
6	中国航天科工集团有限公司
7	中国航空工业集团有限公司
8	中国船舶集团有限公司
9	中国兵器工业集团有限公司
10	中国兵器装备集团有限公司
11	中国电子科技集团有限公司
12	中国航空发动机集团有限公司
13	中国融通资产管理集团有限公司
14	中国石油天然气集团有限公司
15	中国石油化工集团有限公司
16	中国海洋石油集团有限公司
17	国家石油天然气管网集团有限公司
18	国家电网有限公司
19	中国南方电网有限责任公司
20	中国大唐集团有限公司
21	中国华电集团有限公司
22	国家电力投资集团有限公司
23	国家能源投资集团有限责任公司
24	中国电信集团有限公司
25	中国联合网络通信集团有限公司
26	中国移动通信集团有限公司
27	中国电子信息产业集团有限公司

续表

序号	单位名称
28	中国第一汽车集团有限公司
29	东风汽车集团有限公司
30	中国机械工业集团有限公司
31	中国东方电气集团有限公司
32	鞍钢集团有限公司
33	中国宝武钢铁集团有限公司
34	中国矿产资源集团有限公司
35	中国铝业集团有限公司
36	中国远洋海运集团有限公司
37	中国东方航空集团有限公司
38	中国南方航空集团有限公司
39	中国中化控股有限责任公司
40	中粮集团有限公司
41	中国五矿集团有限公司
42	中国建筑集团有限公司
43	中国储备粮管理集团有限公司
44	中国南水北调集团有限公司
45	国家开发投资集团有限公司
46	招商局集团有限公司
47	华润（集团）有限公司
48	中国中煤能源集团有限公司
49	中国煤炭科工集团有限公司
50	中国化学工程集团有限公司
51	中国建材集团有限公司
52	中国稀土集团有限公司
53	中国国际技术智力合作集团有限公司
54	中国铁路通信信号集团有限公司
55	中国铁路工程集团有限公司
56	中国铁道建筑集团有限公司
57	中国交通建设集团有限公司
58	中国农业发展集团有限公司

续表

序号	单位名称
59	中国医药集团有限公司
60	中国保利集团有限公司
61	中国建设科技有限公司
62	中国冶金地质总局
63	中国煤炭地质总局
64	新兴际华集团有限公司
65	中国民航信息集团有限公司
66	中国航空油料集团有限公司
67	中国能源建设集团有限公司
68	中国安能建设集团有限公司
69	中国黄金集团有限公司
70	中国华录集团有限公司
71	中国电气装备集团有限公司
72	中国物流集团有限公司
73	中国国新控股有限责任公司
74	中国检验认证（集团）有限公司
75	中国铁塔股份有限公司
76	中国财经出版传媒集团

二、中央级行政事业单位（45 家）

序号	单位名称
1	国家卫生健康委
2	交通运输部北海救助局
3	中科院办公厅
4	中科院文献情报中心
5	中科院网络中心
6	中科院生物物理所
7	中科院软件研究所
8	中国农业科学院农业环境与可持续发展研究所
9	中国农业科学院油料作物研究所
10	中国医学科学院北京协和医学院

续表

序号	单位名称
11	中国医学科学院基础医学研究所
12	北京协和医院
13	中国中医科学院广安门医院
14	北京大学
15	清华大学
16	中国人民大学
17	北京师范大学
18	中国农业大学
19	北京外国语大学
20	北京交通大学
21	北京邮电大学
22	北京林业大学
23	北京中医药大学
24	大连理工大学
25	东北大学
26	吉林大学
27	上海交通大学
28	华东理工大学
29	合肥工业大学
30	华中科技大学
31	中国地质大学（武汉）
32	武汉理工大学
33	西南交通大学
34	电子科技大学
35	西安交通大学
36	西北农林科技大学
37	西安电子科技大学
38	北京航空航天大学
39	北京理工大学
40	哈尔滨工业大学
41	哈尔滨工程大学

续表

序号	单位名称
42	西北工业大学
43	南京航空航天大学
44	南京理工大学
45	中国人民警察大学

三、金融机构（66 家）

序号	单位名称
1	中国工商银行股份有限公司
2	中国农业银行股份有限公司
3	中国银行股份有限公司
4	中国建设银行股份有限公司
5	交通银行股份有限公司
6	中国邮政储蓄银行股份有限公司
7	中国银联股份有限公司
8	中信银行股份有限公司
9	中国光大银行股份有限公司
10	招商银行股份有限公司
11	上海浦东发展银行股份有限公司
12	中国民生银行股份有限公司
13	华夏银行股份有限公司
14	平安银行股份有限公司
15	兴业银行股份有限公司
16	广发银行股份有限公司
17	渤海银行股份有限公司
18	浙商银行股份有限公司
19	恒丰银行股份有限公司
20	北京银行股份有限公司
21	南京银行股份有限公司
22	苏州银行股份有限公司
23	江苏江南农村商业银行股份有限公司
24	宁波银行股份有限公司

续表

序号	单位名称
25	浙江泰隆商业银行股份有限公司
26	浙江稠州商业银行股份有限公司
27	杭州银行股份有限公司
28	浙江农村商业联合银行股份有限公司
29	温州银行股份有限公司
30	台州银行股份有限公司
31	绍兴银行股份有限公司
32	金华银行股份有限公司
33	湖州银行股份有限公司
34	微商银行股份有限公司
35	安徽省农村信用社联合社
36	泉州银行股份有限公司
37	江西银行股份有限公司
38	九江银行股份有限公司
39	齐鲁银行股份有限公司
40	威海市商业银行股份有限公司
41	山东省农村信用社联合社
42	湖北银行股份有限公司
43	汉口银行股份有限公司
44	广州银行股份有限公司
45	广州农村商业银行股份有限公司
46	广西北部湾银行股份有限公司
47	桂林银行股份有限公司
48	海南省农村信用社联合社
49	重庆银行股份有限公司
50	重庆三峡银行股份有限公司
51	重庆农村商业银行股份有限公司
52	成都银行股份有限公司
53	成都农村商业银行股份有限公司
54	四川省农村信用社联合社
55	西安银行股份有限公司

续表

序号	单位名称
56	长安银行股份有限公司
57	宁夏银行股份有限公司
58	盛京银行股份有限公司
59	中国人寿保险（集团）公司
60	中国太平保险集团有限责任公司
61	中国人民健康保险股份有限公司
62	中国银河证券股份有限公司
63	中国中金财富证券有限公司
64	华泰证券股份有限公司
65	兴业证券股份有限公司
66	中泰证券股份有限公司

四、地方单位（不含金融机构和平台）（167 家）

序号	单位名称	所在省份
1	中国音乐学院	北京市
2	北京市地质矿产勘查院	北京市
3	北京积水潭医院	北京市
4	北京服装学院	北京市
5	北京信息科技大学	北京市
6	北京保障房中心有限公司	北京市
7	北京春雪会计服务有限公司	北京市
8	首颐医疗健康投资管理有限公司	北京市
9	小米通讯技术有限公司	北京市
10	北京京东世纪贸易有限公司	北京市
11	天津能源投资集团有限公司	天津市
12	天津临港投资控股有限公司	天津市
13	天津港轮驳有限公司	天津市
14	天津渤海职业技术学院	天津市
15	天津市滨海新区国有资本投资运营有限公司	天津市
16	河北建设投资集团有限责任公司	河北省
17	河钢集团有限公司	河北省

续表

序号	单位名称	所在省份
18	国能朔黄铁路发展有限责任公司	河北省
19	长城新媒体集团有限公司	河北省
20	开滦（集团）有限责任公司	河北省
21	河北中医学院	河北省
22	顺捷河北企业管理集团有限公司	河北省
23	太原师范学院	山西省
24	山西省文化旅游投资控股集团有限公司	山西省
25	山西路桥建设集团有限公司	山西省
26	包头市财政局	内蒙古自治区
27	乌海市档案史志馆	内蒙古自治区
28	呼伦贝尔市应急管理局	内蒙古自治区
29	辽宁省营商环境建设局	辽宁省
30	辽宁省民族和宗教事务委员会	辽宁省
31	中共辽宁省委党校	辽宁省
32	中共葫芦岛市纪律检查委员会	辽宁省
33	沈阳市科学技术协会	辽宁省
34	大连市西岗生态环境分局	大连市
35	大连市公共文化服务中心	大连市
36	大连市市场监管综合行政执法队	大连市
37	大连市疾病预防控制中心	大连市
38	大连科艺软件开发有限公司	大连市
39	长春职业技术学院	吉林省
40	吉林大学第一医院	吉林省
41	长春中医药大学附属医院	吉林省
42	长光卫星技术股份有限公司	吉林省
43	吉林工程技术师范学院	吉林省
44	吉林省林业和草原局	吉林省
45	上海交通大学医学院附属瑞金医院	上海市
46	江苏食品药品职业技术学院	江苏省
47	江苏开放大学	江苏省
48	南京医科大学附属口腔医院	江苏省

续表

序号	单位名称	所在省份
49	江苏省国信集团有限公司	江苏省
50	宁波博洋控股集团有限公司	宁波市
51	宁波方太厨具有限公司	宁波市
52	日出实业集团有限公司	宁波市
53	宁波市奉化区教育局	宁波市
54	狮丹努集团股份有限公司	宁波市
55	安徽省代理记账行业协会	安徽省
56	科大讯飞股份有限公司	安徽省
57	安徽省投资集团控股有限公司	安徽省
58	淮北矿业股份有限公司	安徽省
59	安徽国际商务职业学院	安徽省
60	安徽林业职业技术学院	安徽省
61	中国科学技术大学附属第一医院	安徽省
62	安徽合力股份有限公司	安徽省
63	福建七匹狼实业股份有限公司	福建省
64	福建吉马酒业有限公司	福建省
65	福建省肿瘤医院	福建省
66	福建省司法厅	福建省
67	福建省冶金（控股）有限责任公司	福建省
68	厦门象屿科技有限公司	厦门市
69	厦门财大大网络科技有限公司	厦门市
70	厦门航空有限公司	厦门市
71	江西省财政厅	江西省
72	江西倬云数字产业集团有限公司	江西省
73	江西省金融控股集团有限公司	江西省
74	江西省赣南医学院第一附属医院	江西省
75	中文天地出版传媒集团股份有限公司	江西省
76	日照钢铁控股集团有限公司	山东省
77	漱玉平民大药房连锁股份有限公司	山东省
78	山东省北海船舶技术咨询有限责任公司	山东省
79	德州职业技术学院	山东省

续表

序号	单位名称	所在省份
80	山东海洋集团有限公司	山东省
81	山东第一医科大学第一附属医院（千佛山医院）	山东省
82	青岛科技大学	山东省
83	齐鲁工业大学	山东省
84	青岛城市建设投资（集团）有限责任公司	青岛市
85	海尔集团电子商务有限公司	青岛市
86	青岛顺丰速运有限公司	青岛市
87	河南省工业和信息化厅	河南省
88	河南投资集团有限公司	河南省
89	中原资产管理有限公司	河南省
90	河南航空港投资集团有限公司	河南省
91	三门峡黄河明珠（集团）有限公司	河南省
92	河南航天金穗电子有限公司	河南省
93	河南五建建设集团有限公司	河南省
94	河南交通投资集团有限公司	河南省
95	河南水利投资集团有限公司	河南省
96	河南省人民医院	河南省
97	华中科技大学同济医学院附属协和医院	湖北省
98	武汉大学中南医院	湖北省
99	华中科技大学同济医学院附属同济医所	湖北省
100	湖北大学	湖北省
101	湖南友谊阿波罗商业股份有限公司	湖南省
102	三一集团有限公司	湖南省
103	雪天盐业集团股份有限公司	湖南省
104	劲仔食品集团股份有限公司	湖南省
105	湘潭大学	湖南省
106	中南大学湘雅医院	湖南省
107	湖南博物院	湖南省
108	湖南钢铁集团有限公司	湖南省
109	广东省公安厅	广东省
110	广东省科学院生态环境与土壤研究所	广东省

续表

序号	单位名称	所在省份
111	国核湛江核电有限公司	广东省
112	广东粤海集团企业服务有限公司	广东省
113	广东省交通集团有限公司	广东省
114	广东省广物控股集团有限公司	广东省
115	广东省交易控股集团有限公司	广东省
116	广州市普金计算机科技股份有限公司	广东省
117	广州白云国际机场股份有限公司	广东省
118	美的集团股份有限公司	广东省
119	广州地铁集团有限公司	广东省
120	深圳市物业发展（集团）股份有限公司	深圳市
121	深圳市深粮控股股份有限公司	深圳市
122	深圳技术大学	深圳市
123	广西中医药大学	广西壮族自治区
124	广西交通投资集团有限公司	广西壮族自治区
125	广西投资集团有限公司	广西壮族自治区
126	广西北部湾投资集团有限公司	广西壮族自治区
127	海南大学	海南省
128	海南航空控股股份有限公司	海南省
129	重庆机电控股集团财务公司	重庆市
130	重庆科瑞制药（集团）有限公司	重庆市
131	重庆高速公路集团有限公司	重庆市
132	重庆市中医院	重庆市
133	重庆市药品监督管理局	重庆市
134	四川财经职业学院	四川省
135	四川省药品监督管理局	四川省
136	四川省欣鑫慈善基金会	四川省
137	成都金税电子技术有限公司	四川省
138	成都汇成财务代理记账有限公司	四川省
139	贵州乌江能源集团有限责任公司	贵州省
140	贵州省水利投资（集团）有限责任公司	贵州省
141	云南省市场监督管理局	云南省

续表

序号	单位名称	所在省份
142	云南文化艺术职业学院	云南省
143	云南机电职业技术学院	云南省
144	云南白药集团股份有限公司	云南省
145	云南艾图内控规范研究院有限公司	云南省
146	拉萨益康科技有限公司	西藏自治区
147	陕西省华秦投资集团有限公司	陕西省
148	陕西延长石油（集团）有限责任公司	陕西省
149	陕西投资集团有限公司	陕西省
150	西部机场集团有限公司	陕西省
151	陕西煤业化工集团有限责任公司	陕西省
152	甘肃省住房和城乡建设厅	甘肃省
153	兰州大学第二医院	甘肃省
154	甘肃省电力投资集团有限责任公司	甘肃省
155	金川集团镍盐有限公司	甘肃省
156	青海省体育局	青海省
157	青海省交通控股集团有限公司	青海省
158	西宁市财政局	青海省
159	西宁市公交集团有限责任公司	青海省
160	宁夏宝丰集团有限公司	宁夏回族自治区
161	宁夏市场监督管理厅	宁夏回族自治区
162	新疆大学	新疆维吾尔自治区
163	新疆驰远天合有限责任会计师事务所	新疆维吾尔自治区
164	新疆维吾尔自治区卫生健康委员会	新疆维吾尔自治区
165	石河子大学	新疆生产建设兵团
166	新疆生产建设兵团第二中学	新疆生产建设兵团
167	新疆生产建设兵团生态环境第一监测站	新疆生产建设兵团

附件 3

电子凭证会计数据标准深化试点平台名单

一、电子凭证开具分发平台（8 家）

序号	单位名称
1	中国工商银行股份有限公司
2	中国农业银行股份有限公司
3	中国银行股份有限公司
4	中国建设银行股份有限公司
5	交通银行股份有限公司
6	中国邮政储蓄银行股份有限公司
7	中国银联股份有限公司
8	中信银行股份有限公司

二、代理记账平台（16 家）

序号	单位（平台）名称
1	财天下科技有限公司（财天下）
2	山西云会计财税科技有限公司（云会计）
3	山西税源财税法大数据集团有限公司（云税友）
4	山西和创空间企业解化园有限公司（和创财税云）
5	财天下科技有限公司（财天下）
6	山西云会计财税科技有限公司（云会计）
7	山西税源财税法大数据集团有限公司（云税友）
8	山西和创空间企业解化园有限公司（和创财税云）
9	上海好才晤企业管理（集团）有限公司（好才晤云）
10	南京九洲会计咨询有限公司（九洲智能）
11	福建智会算财税咨询有限公司（智会算）
12	青岛微智慧信息有限公司（晓税云）
13	湖北普联东文信息科技有限公司（蛮有财）
14	广西速佳财务管理咨询有限公司（财轻松）
15	四川长虹电子控股集团有限公司（云尚行）
16	畅捷通信息技术股份有限公司（易代账）

注：包含代理记账机构以及为企事业单位或者代理记账机构等提供软硬件服务的平台。

三、票务服务平台（5 家）

序号	单位（平台）名称
1	北京四方启点科技有限公司（公务之家）
2	福建博思云易智能科技有限公司（乐享）
3	河南易税科技有限公司（一心易税）
4	云南旅务通科技有限公司（云行商旅）
5	云南瑞泽国际航空客货服务有限公司（瑞泽商旅）

四、政务财务服务平台（13 家）

序号	单位（平台）名称
1	浙江省财政厅、浙江省税务局（浙江省电子发票（票据）综合服务平台
2	浙江省财政厅、政采云有限公司（浙江省行政事业单位数智财务综合管理平台）
3	天津市津南区财政局（预算单位财务服务平台）
4	天津市滨海新区高新区管委会（预算单位财务服务平台）
5	黑龙江省行政事业单位内部控制管理一体化平台
6	上海市长宁区财政局（行政事业单位电子会计凭证报销入账归档辅助平台、中小企业电子会计凭证智能区块链归档平台）
7	江苏省南通市财政局（电子会计凭证综合业务服务平台）
8	山东省财政厅（预算一体化系统会计核算子系统）
9	河南省财政厅（河南省预算管理一体化系统电子票据服务平台）
10	湖北省襄阳市财政局（襄阳市会计信息化综合服务平台）
11	广东省财政厅（广东省预算单位财务管理系统）
12	海南省财政厅（预算一体化系统会计核算子系统）
13	云南省财政厅（财政统一数据服务早台）

附件 4

电子凭证会计数据标准深化试点服务保障单位名单

序号	单位（平台）名称
1	用友网络科技股份有限公司
2	浪潮通用软件有限公司
3	金蝶软件（中国）有限公司
4	北京久其软件股份有限公司
5	国网数字科技控股有限公司
6	普联软件股份有限公司
7	天津神州浩天科技有限公司
8	北京中科江南信息技术股份有限公司
9	百望股份有限公司
10	航天信息股份有限公司
11	福建博思软件股份有限公司
12	北京四方启点科技有限公司

附录 J 《关于继续开展电子凭证会计数据标准深化试点的通知》

财政部办公厅关于继续开展电子凭证会计数据标准深化试点工作的通知

财办会〔2024〕3 号

各省、自治区、直辖市、计划单列市财政厅（局），新疆生产建设兵团财政局，各试点单位：

2023 年 4 月，财政部等 9 部门联合印发《关于联合开展电子凭证会计数据标准深化试点工作的通知》（财会〔2023〕7 号），组织开展电子凭证会计数据标准深化试点工作。为了进一步巩固深化试点成果，实现深化试点目标，经商税务总局、中国人民银行、国务院国资委、国家档案局、国家标准委、国家电子文件管理部际联席会议办公室、中国民航局、中国国家铁路集团有限公司同意，决定在 2024 年继续联合开展电子凭证会计数据标准深化试点工作。现就有关事项通知如下。

一、总体安排

试点目标、试点电子凭证种类和会计数据标准、试点单位范围与《关于联合开展电子凭证会计数据标准深化试点工作的通知》（财会〔2023〕7 号）、《财政部办公厅关于扎实推进电子凭证会计数据标准深化试点工作有关事项的通知》（财办会〔2023〕20 号）、《财政部办公厅 税务总局办公厅 中国民航局综合司关于进一步扩大数电票（航空运输电子客票行程单）会计数据标准深化试点开具端单位范围有关事项的通知》（财办会〔2024〕1 号）等保持一致。

鼓励未纳入试点单位范围、具备条件的单位在备案后自愿参与深化试点工作。有关中央企业、中央级行政事业单位和金融机构向财政部会计司书面申请备案，地方单位根据属地原则向所在地财政厅（局）书面申请备案，各地方财政厅（局）将备案结果向财政部会计司报送。

试点单位应当在2024年6月前实现试点电子凭证的常态化处理和运行，配合做好数据统计上报，完成数据标准验证工作。

二、工作要求

（一）开具端试点单位。

银行电子回单、银行电子对账单的开具端试点单位应当加快完成银行电子凭证互联互通平台生产上线，同时，加快企业网银、银企直联以及与其他试点电子凭证开具分发平台对接渠道的系统改造和生产上线，在深化试点期间实现多渠道、常态化开具（交付）符合标准的银行电子回单和银行电子对账单。加快研究和改进签约授权流程、机制，遵循安全、高效、便捷的原则，满足接收端单位常态化获取银行电子回单和银行电子对账单的需求。

数电票（铁路电子客票）的开具端试点单位应当加快实现通过中国铁路12306网站和App渠道购买火车票开具（交付）符合标准的数电票（铁路电子客票），提供直连对接、平台对接、个人下载等交付方式，满足接收端单位和个人常态化获取数电票（铁路电子客票）的需求。

数电票（航空运输电子客票行程单）的开具端试点单位应当加快实现自动化、常态化开具（交付）符合标准的数电票（航空运输电子客票行程单），提供直连对接、平台对接、个人下载等交付方式，满足接收端单位和个人常态化获取数电票（航空运输电子客票行程单）的需求。

数电票、增值税电子普通发票、增值税电子专用发票、财政电子票据、电子非税收入一般缴款书的开具端试点单位，应当遵循“应开尽开”的原则继续常态化开具（交付）符合标准的电子凭证。各开具端试点单位应当根据电子凭证开具（交付）实际情况加强与电子凭证开具分发平台、代理记账平台、票务服务平台、政务财务服务平台等试点平台对接，满足各类接收端单位批量化、一站式获取电子凭证的需求。

（二）接收端试点单位。

尚未完成技术改造、已完成改造尚未实现常态化运行的接收端试点单位，应当加快工作步伐，确保按期实现常态化运行，完成数据标准验证工作。

已经实现常态化运行的接收端试点单位，应当继续按照标准对试点电子凭证进行全流程常态化处理和运行，做到“应处理尽处理”。鼓励推动所有具备条件的下属单位“能试尽试”。

鼓励接收端试点单位探索符合标准的会计数据应用场景，探索形成可扩展、可聚合、可比对的会计数据要素，服务价值创造。

具备条件、确有需求的接收端试点单位可以将电子凭证的一个或多个处理环节委托给有关平台进行集约化、批量化处理，降低处理成本，提高处理效率，探索优化电子凭证服务处理模式。

（三）试点平台。

试点电子凭证开具分发平台应当进一步加强电子凭证开具（交付）能力、分发能力建设，在符合相关主管部门业务规范和电子凭证会计数据标准的基础上，探索发挥“一对多”“多对多”的功能作用和服务模式，支撑开具端试点单位常态化开具（交付）符合标准的电子凭证，为各类接收端单位批量化、一站式、常态化获取电子凭证提供支持和服务。

试点代理记账平台、票务服务平台、政务财务服务平台应当稳步扩大服务范围和服务对象，探索拓展和深化服务内容，为平台用户提供常态化的电子凭证服务功能。

（四）服务保障单位。

各服务保障单位应当持续升级优化电子凭证工具包，扎实帮助广大接收端单位降低应用难度和应用成本。

三、组织保障

（一）加强部门协同。财政部、税务总局、中国人民银行、国务院国资委、国家档案局、国家标准委、国家电子文件管理部际联席会议办公室、中国民航局、中国国家铁路集团有限公司继续健全跨部门联席工作机制，加强协同配合与信息共享，按职责分工协调解决符合标准的电子凭证充分供给、供需对接、真实性检查等全流程自动化无纸化处理中的堵点、难点问题，进一步增强工作合力。

（二）健全长效机制。财政部继续完善各类电子凭证会计数据标准，提高标准的规范性、科学性与实用性，会同相关部门开展电子凭证系列国家标准的研制、报批和发布等工作。会同相关部门适时对深化试点工作进行总结评估，研究制定推广应用方案。制定发布会计信息化工作规范、会计软件基本功能和服务规范等制度规范，构建标准推广应用的长效机制。

（三）强化服务保障。继续坚持深化试点专班工作机制，做好统筹协调、试点备案、技术指导、问题解答、标准验证、统计分析和支持保障等工作。充分发挥全国会计信息化标准化技术委员会委员和咨询专家对标准试点、推广应用及健全长效机制的技术支持作用。各地方财政厅（局）扎实做好属地试点单位组织、备案、指导和督促工作。

（四）开展宣传培训。财政部会同相关部门加强对电子凭证会计数据标准应用相关政策、要求的宣传和培训，对试点单位形成的可复制、可推广经验进行总结、提炼和宣传，不断增强各单位对标准应用和会计工作数字化转型的理解，提高应用标准的意识，营造良好的应用氛围。

财政部办公厅

2024 年 1 月 30 日印发

附录 K　《会计档案管理办法》

会计档案管理办法

财政部　国家档案局令第 79 号

《会计档案管理办法》已经财政部部务会议、国家档案局局务会议修订通过，现将修订后的《会计档案管理办法》公布，自 2016 年 1 月 1 日起施行。

第一条　为了加强会计档案管理，有效保护和利用会计档案，根据《中华人民共和国会计法》《中华人民共和国档案法》等有关法律和行政法规，制定本办法。

第二条　国家机关、社会团体、企业、事业单位和其他组织（以下统称单位）管理会计档案适用本办法。

第三条　本办法所称会计档案是指单位在进行会计核算等过程中接收或形成的，记录和反映单位经济业务事项的，具有保存价值的文字、图表等各种形式的会计资料，包括通过计算机等电子设备形成、传输和存储的电子会计档案。

第四条　财政部和国家档案局主管全国会计档案工作，共同制定全国统一的会计档案工作制度，对全国会计档案工作实行监督和指导。

县级以上地方人民政府财政部门和档案行政管理部门管理本行政区域内的会计档案工作，并对本行政区域内会计档案工作实行监督和指导。

第五条　单位应当加强会计档案管理工作，建立和完善会计档案的收集、整理、保管、利用和鉴定销毁等管理制度，采取可靠的安全防护技术和措施，保证会计档案的真实、完整、可用、安全。

单位的档案机构或者档案工作人员所属机构（以下统称单位档案管

理机构）负责管理本单位的会计档案。单位也可以委托具备档案管理条件的机构代为管理会计档案。

第六条 下列会计资料应当进行归档：

（一）会计凭证，包括原始凭证、记账凭证；

（二）会计账簿，包括总账、明细账、日记账、固定资产卡片及其他辅助性账簿；

（三）财务会计报告，包括月度、季度、半年度、年度财务会计报告；

（四）其他会计资料，包括银行存款余额调节表、银行对账单、纳税申报表、会计档案移交清册、会计档案保管清册、会计档案销毁清册、会计档案鉴定意见书及其他具有保存价值的会计资料。

第七条 单位可以利用计算机、网络通信等信息技术手段管理会计档案。

第八条 同时满足下列条件的，单位内部形成的属于归档范围的电子会计资料可仅以电子形式保存，形成电子会计档案：

（一）形成的电子会计资料来源真实有效，由计算机等电子设备形成和传输；

（二）使用的会计核算系统能够准确、完整、有效接收和读取电子会计资料，能够输出符合国家标准归档格式的会计凭证、会计账簿、财务会计报表等会计资料，设定了经办、审核、审批等必要的审签程序；

（三）使用的电子档案管理系统能够有效接收、管理、利用电子会计档案，符合电子档案的长期保管要求，并建立了电子会计档案与相关联的其他纸质会计档案的检索关系；

（四）采取有效措施，防止电子会计档案被篡改；

（五）建立电子会计档案备份制度，能够有效防范自然灾害、意外事故和人为破坏的影响；

（六）形成的电子会计资料不属于具有永久保存价值或者其他重要保存价值的会计档案。

第九条 满足本办法第八条规定条件，单位从外部接收的电子会计资料附有符合《中华人民共和国电子签名法》规定的电子签名的，可仅以电子形式归档保存，形成电子会计档案。

第十条 单位的会计机构或会计人员所属机构（以下统称单位会计管理机构）按照归档范围和归档要求，负责定期将应当归档的会计资料整理立卷，编制会计档案保管清册。

第十一条 当年形成的会计档案，在会计年度终了后，可由单位会计管理机构临时保管一年，再移交单位档案管理机构保管。因工作需要确需推迟移交的，应当经单位档案管理机构同意。

单位会计管理机构临时保管会计档案最长不超过三年。临时保管期间，会计档案的保管应当符合国家档案管理的有关规定，且出纳人员不得兼管会计档案。

第十二条 单位会计管理机构在办理会计档案移交时，应当编制会计档案移交清册，并按照国家档案管理的有关规定办理移交手续。

纸质会计档案移交时应当保持原卷的封装。电子会计档案移交时应当将电子会计档案及其元数据一并移交，且文件格式应当符合国家档案管理的有关规定。特殊格式的电子会计档案应当与其读取平台一并移交。

单位档案管理机构接收电子会计档案时，应当对电子会计档案的准确性、完整性、可用性、安全性进行检测，符合要求的才能接收。

第十三条 单位应当严格按照相关制度利用会计档案，在进行会计档案查阅、复制、借出时履行登记手续，严禁篡改和损坏。

单位保存的会计档案一般不得对外借出。确因工作需要且根据国家有关规定必须借出的，应当严格按照规定办理相关手续。

会计档案借用单位应当妥善保管和利用借入的会计档案，确保借入会计档案的安全完整，并在规定时间内归还。

第十四条 会计档案的保管期限分为永久、定期两类。定期保管期限一般分为 10 年和 30 年。

会计档案的保管期限，从会计年度终了后的第一天算起。

第十五条 各类会计档案的保管期限原则上应当按照本办法附表执行，本办法规定的会计档案保管期限为最低保管期限。

单位会计档案的具体名称如有同本办法附表所列档案名称不相符的，应当比照类似档案的保管期限办理。

第十六条 单位应当定期对已到保管期限的会计档案进行鉴定，并形成会计档案鉴定意见书。经鉴定，仍需继续保存的会计档案，应当重新划定保管期限；对保管期满，确无保存价值的会计档案，可以销毁。

第十七条 会计档案鉴定工作应当由单位档案管理机构牵头，组织单位会计、审计、纪检监察等机构或人员共同进行。

第十八条 经鉴定可以销毁的会计档案，应当按照以下程序销毁：

（一）单位档案管理机构编制会计档案销毁清册，列明拟销毁会计档案的名称、卷号、册数、起止年度、档案编号、应保管期限、已保管期限和销毁时间等内容。

（二）单位负责人、档案管理机构负责人、会计管理机构负责人、档案管理机构经办人、会计管理机构经办人在会计档案销毁清册上签署意见。

（三）单位档案管理机构负责组织会计档案销毁工作，并与会计管理机构共同派员监销。监销人在会计档案销毁前，应当按照会计档案销毁清册所列内容进行清点核对；在会计档案销毁后，应当在会计档案销毁清册上签名或盖章。

电子会计档案的销毁还应当符合国家有关电子档案的规定，并由单位档案管理机构、会计管理机构和信息系统管理机构共同派员监销。

第十九条 保管期满但未结清的债权债务会计凭证和涉及其他未了事项的会计凭证不得销毁，纸质会计档案应当单独抽出立卷，电子会计档案单独转存，保管到未了事项完结时为止。

单独抽出立卷或转存的会计档案，应当在会计档案鉴定意见书、会计档案销毁清册和会计档案保管清册中列明。

第二十条 单位因撤销、解散、破产或其他原因而终止的，在终止或办理注销登记手续之前形成的会计档案，按照国家档案管理的有关规定处置。

第二十一条　单位分立后原单位存续的，其会计档案应当由分立后的存续方统一保管，其他方可以查阅、复制与其业务相关的会计档案。

单位分立后原单位解散的，其会计档案应当经各方协商后由其中一方代管或按照国家档案管理的有关规定处置，各方可以查阅、复制与其业务相关的会计档案。

单位分立中未结清的会计事项所涉及的会计凭证，应当单独抽出由业务相关方保存，并按照规定办理交接手续。

单位因业务移交其他单位办理所涉及的会计档案，应当由原单位保管，承接业务单位可以查阅、复制与其业务相关的会计档案。对其中未结清的会计事项所涉及的会计凭证，应当单独抽出由承接业务单位保存，并按照规定办理交接手续。

第二十二条　单位合并后原各单位解散或者一方存续其他方解散的，原各单位的会计档案应当由合并后的单位统一保管。单位合并后原各单位仍存续的，其会计档案仍应当由原各单位保管。

第二十三条　建设单位在项目建设期间形成的会计档案，需要移交给建设项目接受单位的，应当在办理竣工财务决算后及时移交，并按照规定办理交接手续。

第二十四条　单位之间交接会计档案时，交接双方应当办理会计档案交接手续。

移交会计档案的单位，应当编制会计档案移交清册，列明应当移交的会计档案名称、卷号、册数、起止年度、档案编号、应保管期限和已保管期限等内容。

交接会计档案时，交接双方应当按照会计档案移交清册所列内容逐项交接，并由交接双方的单位有关负责人负责监督。交接完毕后，交接双方经办人和监督人应当在会计档案移交清册上签名或盖章。

电子会计档案应当与其元数据一并移交，特殊格式的电子会计档案应当与其读取平台一并移交。档案接受单位应当对保存电子会计档案的载体及其技术环境进行检验，确保所接收电子会计档案的准确、完整、可用和安全。

第二十五条 单位的会计档案及其复制件需要携带、寄运或者传输至境外的，应当按照国家有关规定执行。

第二十六条 单位委托中介机构代理记账的，应当在签订的书面委托合同中，明确会计档案的管理要求及相应责任。

第二十七条 违反本办法规定的单位和个人，由县级以上人民政府财政部门、档案行政管理部门依据《中华人民共和国会计法》《中华人民共和国档案法》等法律法规处理处罚。

第二十八条 预算、计划、制度等文件材料，应当执行文书档案管理规定，不适用本办法。

第二十九条 不具备设立档案机构或配备档案工作人员条件的单位和依法建账的个体工商户，其会计档案的收集、整理、保管、利用和鉴定销毁等参照本办法执行。

第三十条 各省、自治区、直辖市、计划单列市人民政府财政部门、档案行政管理部门，新疆生产建设兵团财务局、档案局，国务院各业务主管部门，中国人民解放军总后勤部，可以根据本办法制定具体实施办法。

第三十一条 本办法由财政部、国家档案局负责解释，自 2016 年 1 月 1 日起施行。1998 年 8 月 21 日财政部、国家档案局发布的《会计档案管理办法》（财会字〔1998〕32 号）同时废止。

附表：1. 企业和其他组织会计档案保管期限表

2. 财政总预算、行政单位、事业单位和税收会计档案保管期限表

附表 1

企业和其他组织会计档案保管期限表

序号	档案名称	保管期限	备注
一	会计凭证		
1	原始凭证	30 年	
2	记账凭证	30 年	
二	会计账簿		
3	总账	30 年	
4	明细账	30 年	
5	日记账	30 年	
6	固定资产卡片		固定资产报废清理后保管 5 年
7	其他辅助性账簿	30 年	
三	财务会计报告		
8	月度、季度、半年度财务会计报告	10 年	
9	年度财务会计报告	永久	
四	其他会计资料		
10	银行存款余额调节表	10 年	
11	银行对账单	10 年	
12	纳税申报表	10 年	
13	会计档案移交清册	30 年	
14	会计档案保管清册	永久	
15	会计档案销毁清册	永久	
16	会计档案鉴定意见书	永久	

附表 2

财政总预算、行政单位、事业单位和税收会计档案保管期限表

序号	档案名称	保管期限			备注
		财政总预算	行政单位事业单位	税收会计	
一	会计凭证				
1	国家金库编送的各种报表及缴库退库凭证	10 年		10 年	
2	各收入机关编送的报表	10 年			
3	行政单位和事业单位的各种会计凭证		30 年		包括：原始凭证、记账凭证和传票汇总表
4	财政总预算拨款凭证和其他会计凭证	30 年			包括：拨款凭证和其他会计凭证
二	会计账簿				
5	日记账		30 年	30 年	
6	总账	30 年	30 年	30 年	
7	税收日记账（总账）			30 年	
8	明细分类、分户账或登记簿	30 年	30 年	30 年	
9	行政单位和事业单位固定资产卡片				固定资产报废清理后保管 5 年
三	财务会计报告				
10	政府综合财务报告	永久			下级财政、本级部门和单位报送的保管 2 年
11	部门财务报告		永久		所属单位报送的保管 2 年
12	财政总决算	永久			下级财政、本级部门和单位报送的保管 2 年
13	部门决算		永久		所属单位报送的保管 2 年
14	税收年报（决算）			永久	
15	国家金库年报（决算）	10 年			
16	基本建设拨、贷款年报（决算）	10 年			

续表

序号	档案名称	保管期限			备注
		财政总预算	行政单位事业单位	税收会计	
17	行政单位和事业单位会计月、季度报表		10 年		所属单位报送的保管 2 年
18	税收会计报表			10 年	所属税务机关报送的保管 2 年
四	其他会计资料				
19	银行存款余额调节表	10 年	10 年		
20	银行对账单	10 年	10 年	10 年	
21	会计档案移交清册	30 年	30 年	30 年	
22	会计档案保管清册	永久	永久	永久	
23	会计档案销毁清册	永久	永久	永久	
24	会计档案鉴定意见书	永久	永久	永久	

注：税务机关的税务经费会计档案保管期限，按行政单位会计档案保管期限规定办理。

附录 L 《关于规范电子会计凭证报销入账归档的通知》

财政部 国家档案局关于规范电子会计凭证报销入账归档的通知

财会〔2020〕6 号

党中央有关部门财务部门、档案部门，各省、自治区、直辖市、计划单列市财政厅（局）、档案局，新疆生产建设兵团财政局、档案局，国务院各部委财务部门、档案部门，财政部各地监管局，有关人民团体财务部门、档案部门，中央企业财务部门、档案部门：

为适应电子商务、电子政务发展，规范各类电子会计凭证的报销入账归档，根据国家有关法律、行政法规，现就有关事项通知如下：

一、本通知所称电子会计凭证，是指单位从外部接收的电子形式的各类会计凭证，包括电子发票、财政电子票据、电子客票、电子行程单、电子海关专用缴款书、银行电子回单等电子会计凭证。

二、来源合法、真实的电子会计凭证与纸质会计凭证具有同等法律效力。

三、除法律和行政法规另有规定外，同时满足下列条件的，单位可以仅使用电子会计凭证进行报销入账归档：

（一）接收的电子会计凭证经查验合法、真实；

（二）电子会计凭证的传输、存储安全、可靠，对电子会计凭证的任何篡改能够及时被发现；

（三）使用的会计核算系统能够准确、完整、有效接收和读取电子会计凭证及其元数据，能够按照国家统一的会计制度完成会计核算业务，能够按照国家档案行政管理部门规定格式输出电子会计凭证及其元数据，设定了经办、审核、审批等必要的审签程序，且能有效防止电子会计凭证重复入账；

（四）电子会计凭证的归档及管理符合《会计档案管理办法》（财政部国家档案局第79号令）等要求。

四、单位以电子会计凭证的纸质打印件作为报销入账归档依据的，必须同时保存打印该纸质件的电子会计凭证。

五、符合档案管理要求的电子会计档案与纸质档案具有同等法律效力。除法律、行政法规另有规定外，电子会计档案可不再另以纸质形式保存。

六、单位和个人在电子会计凭证报销入账归档中存在违反本通知规定行为的，县级以上人民政府财政部门、档案行政管理部门应当依据《中华人民共和国会计法》《中华人民共和国档案法》等有关法律、行政法规处理处罚。

七、本通知由财政部、国家档案局负责解释，并自发布之日起施行。

财政部

国家档案局

2020年3月23日

附录 M 《中华人民共和国发票管理办法》

中华人民共和国发票管理办法

国务院令第 764 号

（1993 年 12 月 12 日国务院批准 1993 年 12 月 23 日财政部令第 6 号发布 根据 2010 年 12 月 20 日《国务院关于修改〈中华人民共和国发票管理办法〉的决定》第一次修订 根据 2019 年 3 月 2 日《国务院关于修改部分行政法规的决定》第二次修订 根据 2023 年 7 月 20 日《国务院关于修改和废止部分行政法规的决定》第三次修订）

第一章 总 则

第一条 为了加强发票管理和财务监督，保障国家税收收入，维护经济秩序，根据《中华人民共和国税收征收管理法》，制定本办法。

第二条 在中华人民共和国境内印制、领用、开具、取得、保管、缴销发票的单位和个人（以下称印制、使用发票的单位和个人），必须遵守本办法。

第三条 本办法所称发票，是指在购销商品、提供或者接受服务以及从事其他经营活动中，开具、收取的收付款凭证。

发票包括纸质发票和电子发票。电子发票与纸质发票具有同等法律效力。国家积极推广使用电子发票。

第四条 发票管理工作应当坚持和加强党的领导，为经济社会发展服务。

国务院税务主管部门统一负责全国的发票管理工作。省、自治区、直辖市税务机关依据职责做好本行政区域内的发票管理工作。

财政、审计、市场监督管理、公安等有关部门在各自的职责范围内，配合税务机关做好发票管理工作。

第五条 发票的种类、联次、内容、编码规则、数据标准、使用范围等具体管理办法由国务院税务主管部门规定。

第六条 对违反发票管理法规的行为，任何单位和个人可以举报。税务机关应当为检举人保密，并酌情给予奖励。

第二章 发票的印制

第七条 增值税专用发票由国务院税务主管部门确定的企业印制；其他发票，按照国务院税务主管部门的规定，由省、自治区、直辖市税务机关确定的企业印制。禁止私自印制、伪造、变造发票。

第八条 印制发票的企业应当具备下列条件：

（一）取得印刷经营许可证和营业执照；

（二）设备、技术水平能够满足印制发票的需要；

（三）有健全的财务制度和严格的质量监督、安全管理、保密制度。

税务机关应当按照政府采购有关规定确定印制发票的企业。

第九条 印制发票应当使用国务院税务主管部门确定的全国统一的发票防伪专用品。禁止非法制造发票防伪专用品。

第十条 发票应当套印全国统一发票监制章。全国统一发票监制章的式样和发票版面印刷的要求，由国务院税务主管部门规定。发票监制章由省、自治区、直辖市税务机关制作。禁止伪造发票监制章。

发票实行不定期换版制度。

第十一条 印制发票的企业按照税务机关的统一规定，建立发票印制管理制度和保管措施。

发票监制章和发票防伪专用品的使用和管理实行专人负责制度。

第十二条 印制发票的企业必须按照税务机关确定的式样和数量印制发票。

第十三条 发票应当使用中文印制。民族自治地方的发票，可以加印当地一种通用的民族文字。有实际需要的，也可以同时使用中外两种文字印制。

第十四条 各省、自治区、直辖市内的单位和个人使用的发票，除增值税专用发票外，应当在本省、自治区、直辖市内印制；确有必要到外省、自治区、直辖市印制的，应当由省、自治区、直辖市税务机关商印制地省、自治区、直辖市税务机关同意后确定印制发票的企业。

禁止在境外印制发票。

第三章 发票的领用

第十五条 需要领用发票的单位和个人，应当持设立登记证件或者税务登记证件，以及经办人身份证明，向主管税务机关办理发票领用手续。领用纸质发票的，还应当提供按照国务院税务主管部门规定式样制作的发票专用章的印模。主管税务机关根据领用单位和个人的经营范围、规模和风险等级，在5个工作日内确认领用发票的种类、数量以及领用方式。

单位和个人领用发票时，应当按照税务机关的规定报告发票使用情况，税务机关应当按照规定进行查验。

第十六条 需要临时使用发票的单位和个人，可以凭购销商品、提供或者接受服务以及从事其他经营活动的书面证明、经办人身份证明，直接向经营地税务机关申请代开发票。依照税收法律、行政法规规定应当缴纳税款的，税务机关应当先征收税款，再开具发票。税务机关根据发票管理的需要，可以按照国务院税务主管部门的规定委托其他单位代开发票。

禁止非法代开发票。

第十七条 临时到本省、自治区、直辖市以外从事经营活动的单位或者个人，应当凭所在地税务机关的证明，向经营地税务机关领用经营地的发票。

临时在本省、自治区、直辖市以内跨市、县从事经营活动领用发票的办法，由省、自治区、直辖市税务机关规定。

第四章　发票的开具和保管

第十八条　销售商品、提供服务以及从事其他经营活动的单位和个人，对外发生经营业务收取款项，收款方应当向付款方开具发票；特殊情况下，由付款方向收款方开具发票。

第十九条　所有单位和从事生产、经营活动的个人在购买商品、接受服务以及从事其他经营活动支付款项，应当向收款方取得发票。取得发票时，不得要求变更品名和金额。

第二十条　不符合规定的发票，不得作为财务报销凭证，任何单位和个人有权拒收。

第二十一条　开具发票应当按照规定的时限、顺序、栏目，全部联次一次性如实开具，开具纸质发票应当加盖发票专用章。

任何单位和个人不得有下列虚开发票行为：

（一）为他人、为自己开具与实际经营业务情况不符的发票；

（二）让他人为自己开具与实际经营业务情况不符的发票；

（三）介绍他人开具与实际经营业务情况不符的发票。

第二十二条　安装税控装置的单位和个人，应当按照规定使用税控装置开具发票，并按期向主管税务机关报送开具发票的数据。

使用非税控电子器具开具发票的，应当将非税控电子器具使用的软件程序说明资料报主管税务机关备案，并按照规定保存、报送开具发票的数据。

单位和个人开发电子发票信息系统自用或者为他人提供电子发票服务的，应当遵守国务院税务主管部门的规定。

第二十三条　任何单位和个人应当按照发票管理规定使用发票，不得有下列行为：

（一）转借、转让、介绍他人转让发票、发票监制章和发票防伪专用品；

（二）知道或者应当知道是私自印制、伪造、变造、非法取得或者废止的发票而受让、开具、存放、携带、邮寄、运输；

（三）拆本使用发票；

（四）扩大发票使用范围；

（五）以其他凭证代替发票使用；

（六）窃取、截留、篡改、出售、泄露发票数据。

税务机关应当提供查询发票真伪的便捷渠道。

第二十四条 除国务院税务主管部门规定的特殊情形外，纸质发票限于领用单位和个人在本省、自治区、直辖市内开具。

省、自治区、直辖市税务机关可以规定跨市、县开具纸质发票的办法。

第二十五条 除国务院税务主管部门规定的特殊情形外，任何单位和个人不得跨规定的使用区域携带、邮寄、运输空白发票。

禁止携带、邮寄或者运输空白发票出入境。

第二十六条 开具发票的单位和个人应当建立发票使用登记制度，配合税务机关进行身份验证，并定期向主管税务机关报告发票使用情况。

第二十七条 开具发票的单位和个人应当在办理变更或者注销税务登记的同时，办理发票的变更、缴销手续。

第二十八条 开具发票的单位和个人应当按照国家有关规定存放和保管发票，不得擅自损毁。已经开具的发票存根联，应当保存5年。

第五章 发票的检查

第二十九条 税务机关在发票管理中有权进行下列检查：

（一）检查印制、领用、开具、取得、保管和缴销发票的情况；

（二）调出发票查验；

（三）查阅、复制与发票有关的凭证、资料；

（四）向当事各方询问与发票有关的问题和情况；

（五）在查处发票案件时，对与案件有关的情况和资料，可以记录、录音、录像、照像和复制。

第三十条　印制、使用发票的单位和个人，必须接受税务机关依法检查，如实反映情况，提供有关资料，不得拒绝、隐瞒。

税务人员进行检查时，应当出示税务检查证。

第三十一条　税务机关需要将已开具的发票调出查验时，应当向被查验的单位和个人开具发票换票证。发票换票证与所调出查验的发票有同等的效力。被调出查验发票的单位和个人不得拒绝接受。

税务机关需要将空白发票调出查验时，应当开具收据；经查无问题的，应当及时返还。

第三十二条　单位和个人从中国境外取得的与纳税有关的发票或者凭证，税务机关在纳税审查时有疑义的，可以要求其提供境外公证机构或者注册会计师的确认证明，经税务机关审核认可后，方可作为记账核算的凭证。

第六章　罚　　则

第三十三条　违反本办法的规定，有下列情形之一的，由税务机关责令改正，可以处 1 万元以下的罚款；有违法所得的予以没收：

（一）应当开具而未开具发票，或者未按照规定的时限、顺序、栏目，全部联次一次性开具发票，或者未加盖发票专用章的；

（二）使用税控装置开具发票，未按期向主管税务机关报送开具发票的数据的；

（三）使用非税控电子器具开具发票，未将非税控电子器具使用的软件程序说明资料报主管税务机关备案，或者未按照规定保存、报送开具发票的数据的；

（四）拆本使用发票的；

（五）扩大发票使用范围的；

（六）以其他凭证代替发票使用的；

（七）跨规定区域开具发票的；

（八）未按照规定缴销发票的；

（九）未按照规定存放和保管发票的。

第三十四条 跨规定的使用区域携带、邮寄、运输空白发票，以及携带、邮寄或者运输空白发票出入境的，由税务机关责令改正，可以处1万元以下的罚款；情节严重的，处1万元以上3万元以下的罚款；有违法所得的予以没收。

丢失发票或者擅自损毁发票的，依照前款规定处罚。

第三十五条 违反本办法的规定虚开发票的，由税务机关没收违法所得；虚开金额在1万元以下的，可以并处5万元以下的罚款；虚开金额超过1万元的，并处5万元以上50万元以下的罚款；构成犯罪的，依法追究刑事责任。

非法代开发票的，依照前款规定处罚。

第三十六条 私自印制、伪造、变造发票，非法制造发票防伪专用品，伪造发票监制章，窃取、截留、篡改、出售、泄露发票数据的，由税务机关没收违法所得，没收、销毁作案工具和非法物品，并处1万元以上5万元以下的罚款；情节严重的，并处5万元以上50万元以下的罚款；构成犯罪的，依法追究刑事责任。

前款规定的处罚，《中华人民共和国税收征收管理法》有规定的，依照其规定执行。

第三十七条 有下列情形之一的，由税务机关处1万元以上5万元以下的罚款；情节严重的，处5万元以上50万元以下的罚款；有违法所得的予以没收：

（一）转借、转让、介绍他人转让发票、发票监制章和发票防伪专用品的；

（二）知道或者应当知道是私自印制、伪造、变造、非法取得或者废止的发票而受让、开具、存放、携带、邮寄、运输的。

第三十八条 对违反发票管理规定2次以上或者情节严重的单位和个人，税务机关可以向社会公告。

第三十九条 违反发票管理法规，导致其他单位或者个人未缴、少缴或者骗取税款的，由税务机关没收违法所得，可以并处未缴、少缴或者骗取的税款 1 倍以下的罚款。

第四十条 当事人对税务机关的处罚决定不服的，可以依法申请行政复议或者向人民法院提起行政诉讼。

第四十一条 税务人员利用职权之便，故意刁难印制、使用发票的单位和个人，或者有违反发票管理法规行为的，依照国家有关规定给予处分；构成犯罪的，依法追究刑事责任。

第七章 附 则

第四十二条 国务院税务主管部门可以根据有关行业特殊的经营方式和业务需求，会同国务院有关主管部门制定该行业的发票管理办法。

国务院税务主管部门可以根据增值税专用发票管理的特殊需要，制定增值税专用发票的具体管理办法。

第四十三条 本办法自发布之日起施行。财政部 1986 年发布的《全国发票管理暂行办法》和原国家税务局 1991 年发布的《关于对外商投资企业和外国企业发票管理的暂行规定》同时废止。

参考文献

1. 周开君．智慧税务：从前、现在与未来．中国税务报，2022（07）．

2. 吴亚杰．税务信息化建设现状与发展分析［J］．中国管理信息化，2016，19（21）：136－137．

3. 何丹．我国金税工程发展探析［J］．法制博览，2015（22）：199－200．

4. 王长林．金税工程二十年：实践、影响和启示［J］．电子政务，2015（6）：104－110．

5. 杨小军．信息化条件下会计行业转变的思索［J］．财会学习，2020（16）：146＋148．

6. 孙凡，杨周南．XBRL 技术体系结构的语言学分析与改进研究［J］．会计研究，2013（7）：13－19．

7. 邹雨洋，科学事业单位电子会计凭证应用问题分析［J］．中国管理信息化，2022（24）：73－75．

8. XBRL 简介．中国证监会，2012－4－5. https：//www. xbrl－cn. org/2012/0405/73107. shtml.

9. XBRL 中国地区组织秘书处（财政部会计司）．可扩展商业报告语言 XBRL 知识手册．2014．

10. 徐进，张明．XBRL 在我国财务会计中的运用研究［J］．财会研究，2019（5）．

11. 刘勤. 对当前一些有关 XBRL 流行观点的思考 [J]. 会计研究, 2006 (8): 80-85.

12. 杨周南, 吴沁红, 续慧泓. 中国 XBRL 研讨会综述 [J]. 会计研究, 2006 (8): 86-89.

13. 高锦萍, 张天西. XBRL 财务报告分类标准评价——基于财务报告分类与公司偏好的报告实务的匹配性研究 [J]. 会计研究, 2006 (11): 24-29.

后　记

随着数字经济的蓬勃发展，企业财税管理正经历着前所未有的变革。《数电票时代企业财税数字化转型的政策与实践》一书的编写，旨在深入探讨这一转型过程中的关键政策动向、技术应用、管理创新以及实践中的挑战与机遇。

本书由航信云享科技有限公司许继哲、郭颖华等以及河北地质大学冯丽丽教授共同编写完成。在本书的编写过程中，我们深入分析了数电票时代背景下，企业如何通过财税数字化转型，提升财税合规化水平、提高企业运营效率、优化财务管理流程、增强数据驱动决策能力，并最终实现价值创造和竞争优势的提升。我们回顾了相关政策的演进，从宏观层面为读者描绘了数字化转型的政策蓝图，并结合实际案例，展示了企业在这一转型过程中的创新实践和经验。

我们特别关注了金税四期工程这一国家级的税务信息化项目的推进，以及财政部等部门开展的电子凭证会计数据标准试点工作进展，这两项国家级的重点项目为企业提供了强大的技术支持和数据服务，同时也对企业的财税管理提出了更高的要求。书中详细讨论了企业如何适应这一变化，包括采用先进的信息技术、改进内部管理、降本提质增效以及提升员工的数字素养等。

在实践章节中，我们通过对领先企业的案例研究，揭示了不同规模企业财税数字化转型的策略。我们发现，业务流程重塑、跨部门协作、应用数字化工具、开展持续的技术创新，对于推动企业财税数字化转型至关重要。

此外，我们认识到，尽管数字化转型为企业带来了诸多机遇，但也伴随着不小的挑战，如数据安全与隐私保护、技术更新与人才缺乏等。因此，我们呼吁企业、政府和社会各界共同努力，构建一个更加包容、协作、创新的财税数字化生态系统。

在此，特别感谢所有为本书的完成提供支持和贡献的专家、业界同仁和同事。本书由许继哲、冯丽丽、郭颖华提出总体架构，在团队共同讨论的基础上，分工合作。具体分工如下：李苗和邱紫瑶完成第一章的编写；彭程程完成第二章的编写；付晓桐和苏诗语完成第三章的编写；郭颖华和张曼完成第四章的编写；郭颖华和陈迎完成第五章的编写。同时，非常感谢为课题研究和书籍编写提供宝贵意见的河北地质大学周雯珺教授和航信云享科技有限公司财务共享服务中心主任宋俊雅。

本书能够出版，还要感谢中国财政经济出版社为本书提供的出版机会，为我们创造了一个能与持续关注企业数字化转型的同仁进行交流的机会。非常感谢樊清玉编审的指导与辛勤劳动。

希望本书能成为企业财税数字化转型道路上的一盏明灯，照亮前行的方向，激发更多的思考和行动。

愿我们共同在数电票的时代拥抱变革，共创未来。

作者

2024 年 4 月